오만하게 제압하라 : 전략편

오만함 훈련을 위한 가이드북

오만함 훈련을 위한 가이드북

오만하게 제압하라

전략편

페터 모들러 지음
배명자 옮김

|서문|

_ 성공 그리고 새로운 질문들

나는 남녀 리더들에게 컨설팅해 주는 일을 하고 있다. 나는
내 직업이 특별하다고 생각해본 적이 없다. 따라서 일과 관련된
책을 만들어보자는 출판사의 제안을 받았을 때, 나는 솔직히
회의적이었다.

세미나에 참석하면 어렵지 않게 들을 수 있는 이야기를 책으
로 읽고 싶어 하는 사람이 과연 있을까? 누구나 아는 당연한
얘기일 텐데……

내 일과 관련된 내용을 책으로 엮는다는 것이 어쩐지 과하게
느껴졌다. 하지만 나는 결국 출판사의 설득을 뿌리치지 못했고,

그간의 경험들을 모아 2009년 《오만하게 제압하라》는 제목의 책을 출간했다.

책이 시중에 나오면 같은 계통에서 일하는 동료들의 토론과, 몇몇 전문가들의 서평 정도는 예상하고 있었다. 그러나 베스트셀러에 오르리라고는 정말이지 예상하지 못했다. 내심 당혹스럽기까지 했다. 당연히 내 책을 읽지 않은 사람도 아주 많다. 읽을 필요가 없었을 테니까. 여성 직장인들 대부분은 직장에서 남자 동료들과 아주 잘 지낸다. 하지만 그러지 못하는 사람도 있는데, 그들이 주로 내 세미나에 온다.

그들은 대부분 고학력에 능력도 있고, 직업적으로도 빛나는 성공을 거뒀다. 그러나 애석하게도 남자 동료, 남자 상사, 남자 부하 직원, 남자 고객 등과의 갈등으로 맘고생을 심하게 했다. 게다가 일부는 한 발 더 나아가 트라우마에 가까운 경험까지 했다.

나는 그들이 겪은 일을 섣불리 보편화해, 마치 독일의 모든 직장이 남녀의 결투장인 것처럼 보이게 하고 싶지는 않다. 절대 그렇지 않다. 그러나 나는 10년 넘게 '오만함의 전략'을 가르쳐왔고, 그 수요가 계속 늘어나고 있음을 체감하고 있다.

또한 직종과 무관하게, 큰 능력에도 불구하고 여성들이 폄하되는 현실을 나는 계속 보고 듣는다. 그래서 나는 이와 같은 일련의 일들이 '보통의' 직장 생활에서 소위 '정치적 올바름'이 허용하는 것보다 훨씬 더 많이 벌어지고 있음을 알고 있다.

지성인들이 모인 학계라 할지라도 별다른 차이가 없다. 젊은 세대 역시 근본적으로 다르지 않다. 모두가 정치적 올바름을 학습했고, 그래서 성차별적 발언을 피한다. 하지만 실질적인 지위 경쟁, 실질적인 비용 절감 등 민감한 문제 앞에서는 확연하게 달라진다. 친절한 어휘 선택의 효용성이 얼마나 낮은지 즉시 드러난다.

책이라는 공간은 한정되어 있어서, 전작《오만하게 제압하라》에서는 많은 주제를 미처 다룰 수가 없었다. 상세하게 다루어질 가치가 충분했음에도, 몇몇 질문들은 짧게 답하고 끝낼 수밖에 없었다. 그래서 이 책에서는 별도의 장을 할애해 남자 상사의 조작에 대해 다루고 있다.

조작 공격은 의도적으로 은밀하게 진행되므로, 노골적인 공격과 달리 조작 함정을 꿰뚫어 보기가 쉽지 않다. 이런 공격은 조용히 진행되지만, 그 효력은 훨씬 더 잔혹하다(2장 참고).

직장 내 성희롱 문제 역시 마찬가지다. 성희롱은 직종과 직책에 상관없이 모든 조직과 기업에서 일어난다. 말단 사원은 물론이려니와, 팀장도 성희롱의 대상이 될 수 있다. 그렇다고 여성 직장인들이 성희롱에 완전히 무방비 상태로 노출된 것은 아니다. 그 문제에 대해서는 3장에서 사례별로 어떤 무기를 쓸 수 있는지 상세하게 설명한다.

언제 어디서나 진정성을 가지라고 모두들 얘기한다. 그러나 애석하게도 그런 요구가 근본주의로 변질되면, 특히 여성 직장인의 정신 건강을 갉아먹는다. 영혼을 보호하는 방법을 4장에서 소개한다.

여성 할당제 덕분에 승진을 했느냐 아니냐보다, 승진 후 초기 몇 달 동안 어떻게 행동하느냐가 훨씬 더 중요하다. 승진 초기에 반드시 피해야 하는 실수들은 5장에서 확인할 수 있다.

당신의 업무 능력을 제대로 인정해주지 않아 화가 나는가? 그리고 당신의 성과에 비교하면 연봉이 너무 적다고 생각하는가? 그렇다면 6장이 매우 흥미로울 것이다.

이메일 소통 때, 내용 이외에 어떤 메시지가 더 전달될 수 있는지를 완전히 과소평가하는 여성이 아주 많다. 잘못 쓴 이메일 때문에 순식간에 하찮은 사람으로 전락할 수 있다. 7장에서는 그 문제를 다루고 있다.

여성 직장인을 처음부터 힘들게 하는 기업 문화 역시 오래전부터 고착된 구조적 조작 때문일 수 있다. 몇 년씩 헛되이 애쓰는 대신, 조작의 징후를 알아차려 합당한 결과를 도출해내는 방법은 8장에서 설명한다.

언어 기술이 특별히 탁월한 여성은 종종 권력욕이 강한 남성과 갈등을 겪고는 한다. 권력 다툼에서 언어 능력은 큰 도움이 못 된다. 그렇다면 무엇이 도움이 될까? 그 내용은 9장에 담겨 있다.

여성 한 명이 폐쇄적인 남성 집단 속으로 들어가야 하는 상황도 심심찮게 발생하곤 한다. 어디서 어떻게 진입로를 찾아야 할까? 몇 가지 방법을 10장에서 설명한다.

남녀 모두 각각 자신의 소통 습관을 표준으로 여긴다. 한쪽의 소통 방식만으로는 제한적이다. 이런 단편적인 소통 방식이 회사나 조직에서 무엇을 뜻하는지 11장에서 설명한다. 또한 여성이 마초 남성을 다루는 방법도 확인할 수 있다.

이 책을 샀지만 선뜻 읽기 시작하기가 힘들다면, 부디 12장만은 꼭 읽기 바란다. 가장 중요한 내용을 '조작 가능성을 막는 십계명'으로 요약해 두었기 때문이다. 적어도 그것만큼은 알아야 한다.

_ 방법 설명과 당부의 말

내가 세미나에서 사용하는 방법은 수년 동안 아주 약간만 수정되었을 뿐, 기본 틀은 처음 그대로다. 남녀의 언어 체계 차이를 보여주기 위해 스파링파트너를 세미나에 참여시키는데, 자격 요건은 단 두 가지뿐이다. 첫째 남자여야 하고 둘째 말을 할 줄 알아야 한다.

스파링파트너는 상황을 재현할 때만 투입된다. 그는 전문 배우여서도, 심리치료사여서도 안 된다. 우리가 세미나에서 의뢰인의 구체적인 사례를 다룰 때 비로소 그는 아무런 준비도 지시도 없이 세미나실에 입장한다.

우리는 의뢰인의 구체적인 상황을 다른 참가자들과 재현한다. 의뢰인은 다른 참가자 중에서 자기 역할을 맡아줄 사람을 지정한 뒤에, 관객으로서 재현 장면을 본다. 스파링파트너는 의뢰인과 갈등 관계에 있는 남자 역할을 맡는다. 의뢰인이 설명한 상황과 '일치할 때까지' 장면을 재현한다. 그런 다음 스파링파트너는 세미나실에서 나가고, 우리는 더 좋은 대안을 의논한다. 두 번째 단계에서, 같은 장면을 재현하되, 그 사이에 남자의 행동을 분석하여 대안을 찾아냈으므로, 이번에는 처음과 다르게 행동한다.

밖에서 기다렸던 스파링파트너는 아무런 준비가 되지 않았기 때문에 실전처럼 반응할 수밖에 없고, 우리는 이런 방식으로 그에게 무엇이 어떻게 작동하는지를 구체적으로 테스트할 수 있다. 이 방법은 야콥 모레노Jacob Moreno의 사이코드라마와 노니 회프너Noni Hofner의 도발 양식에서 영감을 얻긴 했지만, 내가 직접 고안하고 수년에 걸쳐 지금의 모습으로 발달시킨 것이다.

세미나에서 참가자들이 배워 직장 생활에서 유용하게 쓸 수 있는 도구들은 그동안 많은 인정을 받았다. 세미나에서 이 방법을 통해 경험한 것들 역시 이 책에 자세히 실었다. 어쩌면 이번 책에서도 몇몇 오해가 생길 수 있을 것이다. 그러나 내가 여성을 조롱하고 남성을 배신했다고 비난해서는 안 된다. 나는 심리학자도 아니고 젠더 전문가도 아니다. 또한 그렇게 되고 싶은 욕망도 없다. 나는 오직 기업 컨설턴트로서 경제적 동기에서 이 문제에 관심을 갖고 있다.

회사와 조직은 혼성일 때 더 효율적이고, 리더 역시 마찬가지다. 말하자면 남자만 있는 팀이나 여자만 있는 팀은 혼성팀만큼 훌륭하지 못하다. 이는 여러 면에서 입증된 사실로, 나의 개인적인 경험과도 일치한다. 그러므로 여성 리더가 많아지는 것은 안정적인 에너지 공급이나 기반 시설처럼, 지속적인 경제적 성공을 위한 전제조건이다. 앞으로 실현될 일만 남은 아주 당연한 일이다.

앞으로 실현될 일만 남았다?

유감스럽게도 이런 '당연한 일'을 아주 거대한 장애물이 가로막고 있다. 이성적 주장만으로는 아무 소용이 없다. 능력 있고 이미 리더 위치에 있는 여성이 직장에서 계속 칼을 휘두를 필요는 없다. 그러나 어디에서 칼싸움이 벌어질 수 있는지 알아야 하고, 싸울 수밖에 없는 상황이라면 주저 없이 칼을 뽑을 수 있어야 한다.

조작 함정이 이런 상황을 만드는 데 일조하고, 조작 함정은 남녀가 공급하는 벽돌로 지어진다. 수직적 세계 출신 사람들, 즉 남자들은 직접적인 압박으로 조작하고, 노골적으로 압력을 가하며, 기존의 직장 구조를 적절하게 도구로 사용한다. 이때 고통받는 사람은 주로 수평적 세계 출신 사람들, 즉 여자들이다.

이 책에 사용된 모든 이름은 가명이다. 혹시 실존 인물의 이름과 비슷하더라도 의도된 것은 절대 아니다.

솔직하고 구체적으로 비판해준 나의 두 딸 막달레나와 테레자에게 고마움을 전한다. 그리고 나의 친구 에케하르트 폴만과 동료 안네 코테러에게도 이 자리를 빌려 감사의 인사를 남긴다.

자, 이제 출발해보자. 즐거운 독서를 빈다.

- 페터 모들러 -

|차례|

두 세계의 언어

여자와 남자는 서로에게 외계인이다

01

이름을 알린다는 것

사람들이 많이 모이는 장소, 터널 벽, 담벼락, 차량 등에 상당한 그림 실력으로 메시지를 남기는 이들은 어떤 종족일까? 그들은 자신의 이름을 가장 중요한 메시지로 남긴다. 자신을 드러내고 싶은 욕구로 야간 투시경을 사용하고, 추격전을 마다하지 않으며, 처벌도 감수하는 이들은 또한 어떤 종족일까? 많은 사람이 보는 곳에 자신의 이름을 남기려는 그들은 누구일까? 동물을 훨씬 능가하는 기술적 노하우로 볼 때, 그들은 일단 호모사피엔스임에 틀림없다. 좀 더 정확히 말하자면 호모사피엔스 중에서도 남성이다. 여성은 모든 거리에 자신의 이름을 남기는 데 큰 가치를 두지 않는다.

대도시의 그라피티는 크게 두 무리로 나뉜다. 한 무리는 밤에 경찰과 술래잡기를 하고, 또 다른 무리는 그라피티를 예술로 발전시키고자 한다. 원래 그라피티 운동은 자신의 영역에서 '이름을 알리고자 하는' 게토 출신의 젊은 남성들에 의해 시작되었다. 그라피티는 언뜻 보기에 확실히, 미국의 사회학자 데보라 태넌Deborah Tannen이 '수직적'이라고 표현한 전형적인 남성의 소통 형식에 속한다. 이런 소통 형식에서는 최대한 빠르게 자신의 서열을 파악하고, 경계를 명확히 해 자신의 영역을 구분한다. 언어를 통한 구분은 한참 뒤에야 비로소 중요해진다.

그라피티 '작가'와 근본적으로 유사한 관심사를 가진 직장인들이 다양한 직종에 걸쳐 아주 많다. 어디나 예외는 있지만, 태넌에 따르면 수직적 소통 형식은 기본적으로 남자들이 압도적으로 많이 사용한다. 독일 철도는 '수직적' 표현 욕구가 담긴 그라피티 소통을 2011년 한 해에만 무려 14,000번이나 경험했다. 비록 그라피티처럼 그림으로 표현하진 않더라도, 작은 공장에서 거대 기업에 이르기까지 남성 지배적인 직업 세계에서 이런 '스프레이' 정신이 비교할 수 없이 더 자주 드러난다.

《차이트Zeit》에 따르면, 그라피티 '작가'의 94퍼센트가 남성인데, 이처럼 여성이 그라피티에 거의 참여하지 않는다는 사실은 그라피티가 남성에 한정된 활동이라는 것, 그 이상을 보여준다. 즉, 여성은 완전히 다른 소통 형식을 사용한다는 사실이다. 태넌은 여성의 소통 형식을 '수평적 소통'이라고 부른다.

수평적 소통은 동등한 정보 교환과 상호 존중을 중시한다. 자신을 드러내려는 사람은 수평적 세계에서 환영받지 못한다. 이 세계에서는 조화로운 공동체 의식이 특히 중요하다. 수평적 소통에서는 내용과 객관적 사실을 지향한다. 반면, 남자들의 소통 태도는 완전히 다르다. 그들의 수직적 세계에서는 집단 내 서열 정리가 가장 먼저다. 일단 서열이 정리되어야 시스템이 안정되고 일이 진행된다. 서열 정리가 안 되면 시스템은 스트레스에 빠지고, 서열 정리를 위해 경쟁 게임과 영역 표시 등 할 수 있는 모든 것을 한다. 수직적 세계에서는 가장 먼저 권력을 지향하고, 대개 두 번째 단계에 이르러서야 비로소 내용과 객관적 사실에 관심을 둔다.

일부 기업은 태넌의 주장을 완전히 부인하는데, 아마도 그들이 공식적으로 내세우는 원칙적 남녀평등과 태넌의 주장이 달라 보이기 때문일 터이다. 당연히 태넌이 관찰한 상황에도 예외가 있고, 이분법적 흑백 논리는 단지 임시적 결론에만 도움이 된다. 태넌도 나도 그것을 잘 안다. 현실에서는 하나의 이론이 제시하는 것보다 더 많은 세분화가 필요하다. 그럼에도 가설이나 이론을 바탕으로 할 때 매우 생산적일 수 있다. 이를테면 합리적 단순화가 기본적인 특징을 더 빨리 선명하게 드러낼 수 있다.

비밀 유지 약속과 함께 내가 수많은 여성 직장인에게서 들은 내용은 태넌의 주장을 완벽하게 재확인해 주었다.

| 수직적 언어 체계의 소통 축 |

서열

내용?
객관적 사실?
그런 건 나중에…….

─────────── 영역

서열 정리

- 누가 나의 상사인가?(그리고 이 사람은 자신의 역할을 실제로 하는가?)
- 나는 누구의 상사인가?
- 지난주의 서열이 아직 유효한가?

영역

- 사무실(문턱에서 시작된다)
- 책상
- 회의실의 좌석 배치
- 회의실 탁자 어디에 내 회의 자료들을 올려놓는가?

수직적 소통에서는 가장 먼저 서열 정리와 영역 메시지라는 두 축에서 정보를 교환한다. 반면 수평적 소통에서는 이 두 축이 큰 의미를 갖지 않는다. 여성들이여, 단지 자신의 세계에서 별로 중요하지 않다는 이유만으로 이 두 축을 무시해선 안 된다! 이 두 축이 만드는 좌표에는 애석하게도 내용과 객관적 사실은 아직 등장하지 않는다. 그렇다고 해서 내용과 객관적 사실이 기본적으로 무의미하다는 뜻은 아니다. 그런 주제는 서열과 영역 문제가 해결된 후에야 비로소 의미를 얻는다. 이것은 앞으로 이 책에서 여러 사례를 통해 명확해질 것이다.

서열과 영역을 위해 조작이 시도된다. 이때 남성이 여성을 도구화하고 여성의 자기 조작이 더해지면, 여성은 치명상을 입을 수 있다. 이런 일이 생기는 원인은 수평적 세계의 '조화 강박'이다. 말하자면 수평적 세계는 다음의 모토를 따른다.

너는 우리 중 하나여야 한다. 그러면 우리도 너를 지원한다. 그러나 너는 눈에 띄면 안 되고, 혼자 튀어서도 안 된다!

그러므로 수평적 세계의 여성은 수직적 세계의 남성과 대결할 때 쉽게 조작당한다. 결국에는(특히 업무 잠재력 관점에서도) 남녀 모두에게 아무런 이익이 없다는 지적은 다른 차원의 얘기다.

수평적 언어 체계의 대표자들에게는 서열과 영역을 축으로 하는 좌표가 분명히 매우 낯설게 느껴질 것이다. 그래서 반사적으로 비도덕적이라는 비난을 하고 싶을 수도 있다. 그러나 참아주기 바란다. 일단 계속 읽고 난 다음에 판단해도 늦지 않다. 아무튼 임시로나마 서열 정리와 영역 확보를 변호하자면, 수직적 세계에서는 정리되지 않은 서열과 간과된 영역 침범이 압박을 만들고 스트레스를 높인다. 반대로 서열이 정리되고 영역이 확보되면 스트레스가 줄고 안정된다.

'하이토크'가 꼴찌다

나는 전작 《오만하게 제압하라》에서 이를 토대로, 그리고 여러 기업과 조직에서 한 경험을 바탕으로, 수직적 소통 형식을 쓰는 남자들과의 갈등에서 특히 중요한 소통 방식을 살펴보았다. 다음의 도식은 도덕적 범주를 고려하지 않고 오로지 효과만 중시한다. 나는 이 도식을 바탕으로 단순하지만 근본적인 문제에 해답을 주고자 한다.

수직적 세계의 사람들과 갈등이 생겼을 때, 어떤 소통 방식을 써야 효과가 있을까? 약간 더 노골적으로 말하면, 남자라는 이 족속이 마침내 내 말을 귀담아듣고 진지하게 받아들이게 하려면 어떻게 해야 할까?(전작을 통해 이 도식을 이미 알고 있다면 2장

으로 바로 넘어가도 된다)

도식에 따르면 수직적 소통 형식 대표자들, 즉 남자들과의 갈등에서 가장 효과가 없는 꼴찌 소통 방식은 애석하게도 언어적·지성적 방식인 '하이토크'다. 앞으로 소개할 여러 사례에서 그것이 입증된다(더 많은 세부 내용은《오만하게 제압하라》를 참고하기 바란다). 효과 순위 2등은 언어적이되 비지성적인 소통 방식으로, 나는 이것을 '베이직토크'라고 명명했다. '베이직토크'는 언어적으로 아주 단순하고 비전문적으로 보이며 어쩌면 아주 사적일 수 있다. 전작에서는 이것을 '스몰토크'라고 불렀으나 오해의 소지가 있는 것 같아 이름을 바꿨다. 이 단계에서는 제한된 언어를 쓰므로 '베이직토크'가 더 적합한 이름인 것 같다. 가장 효과가 좋은 1등 소통 방식은 '무브토크'로, 이 단계에서는 언어적 표현이 아무 역할도 하지 않고 오로지 공간과 몸으로 메시지가 전달된다.

갈등 상대가 수평적 소통 형식의 대표자, 즉 여자(또한 소수의 남자)일 때는 이 '순위 도식'이 아무 의미가 없다. 많은 경우 무의미할 뿐 아니라 심지어 비생산적일 것이다. 혹시라도 무브토크를 당하는 상상만으로도 불쾌해져서 화가 나는 여성 독자가 있을까 싶어 밝혀두건대, 이 도식은 여자들과의 갈등이 아니라, 수직적 소통 형식의 대표자인 남자들과의 갈등에서 활용하라고 고안한 것이다.

| 수직적 갈등에서 효과적인 소통 방식 순위 |

수평적 세계의 대표자(주로 여자)가 아니라,
수직적 세계의 대표자(주로 남자)에게 효과적인 순위이다.

1위
무브토크
(MOVE TALK)

비언어적
몸으로 하는 반응 :
자세와 시선, 간단한 제
스처, 침묵, 표정, 공간
적 거리 두기(그러나 멀
리 도망치는 건 안 된
다!)

2위
베이직토크
(BASIC TALK)

언어적, 비지성적 :
업무 관련 내용이 아니
라 사적이고 소소한 주
제 다루기, 제한된 표현
의 반복, 환담. 중요한
업무 주제임에도 별일
아닌 듯 가볍게 다룬다

3위
하이토크
(HIGH TALK)

언어적, 지성적 :
주장, 근거 제시, 일반
교양, 구체적 내용, 토
론. 학술적이고 전문적
인 수준에서 분별력이
나 공동의 가치에 호소
한다

기본 규칙

공격을 효과적으로 방어하려면, 기본적으로 공격에 쓰인 소통 방식
과 같거나 그보다 더 높은 순위의 소통 방식을 써야 한다. 더 낮은
순위의 소통 방식이 자신에게 더 편하고 익숙하더라도, 그런 식으로
방어해선 안 된다!

여성 임원들을 컨설팅하면서 얻은 경험으로 볼 때, 그들은 갈등이 생기는 즉시 언어적이고 지성적인 '하이토크'에 의존한다. 대부분이 고학력에 업무 관련 전문 지식도 높아서, 그들은 당당하고 훌륭하게 하이토크로 반응할 수 있다. 그러므로 수직적 세계의 상대방이 하이토크로 공격해 오면, 여성 리더에게 갈등 논쟁은 그리 어렵지 않다.

그러나 2위 베이직토크와 1위 무브토크의 공격이면 완전히 다르다. 이런 소통 방식에서는 사적이고, 비전문적인 내용을 다룰 뿐 아니라, 기습적이고 심지어 신체적이기 때문이다. 이런 소통 방식으로 공격을 받으면, 유능한 여성들조차도 순차적으로 충격과 당혹, 마비에 빠진다. 그러는 사이에 애석하게도 상대방이 승기를 잡는다.

끝으로 '여성 할당제'에 관하여 아주 짧게 언급하자면, 나는 여성 할당제 자체는 그리 중요하지 않다고 여긴다. 어떤 이유에서 임원이 되었느냐와 상관없이, 여성 임원이 초기 몇 달 동안 베이직토크와 무브토크에 얼마나 잘 대처하느냐가 중요하다. 그런데 안타깝게도 그런 소통 방식에 준비가 전혀 안 된 여성 임원이 아주 많다.

03

진보라는 주술에 현혹되다

여자들 대부분이 거의 무방비 상태로 갈등 상황에 처하는데, 그 원인은 무엇보다 모든 언론 매체가 남녀평등 소망이 이미 실현된 것처럼 열렬히 보도하기 때문이다. 예를 들어 독일 대표 주간신문 《차이트》는 2012년 말에 '얼마나 더 여성화될까'라는 제목의 기사를 전면에 실었는데, 제목 아래에 다음과 같은 부제가 달렸다.

'오래전부터 여성은 소수자 취급된 다수자였다. 시대가 변했다. 이제 여성이 주도권을 쥐었다.'

이 기사 역시 최근 몇 년간 계속해서 보도된 내용을 다루면서, 정치적으로 올바른 이상 세계가 진짜 실현된 것처럼 기술

했다. 하필이면 대표 주간신문이 이런 기사를 실었다고 비판하려는 게 아니다. 이런 식의 지능적인 '주술'은 어디에나 다 퍼져 있기 때문이다.

이 기사에 따르면 우리는 '공화국의 여성화' 한복판에 있다. 기사는 증가한 여성 임원 수를 제시하고, 여성 네트워크를 칭송하며, '여성의 헤게모니 장악'을 확언한다. 그리고 다음과 같이 맺는다.

여성이라는 다수의 권력이 도덕적 소수자와 기묘하게 결탁했다. 이 결탁의 마지막 사례는, 다수의 여성이 여성 리더를 비판하는 일이 거의 없다는 점이다. 남성 리더의 결점을 지적하기는 아주 쉽다(지배적이다, 오만하다, 테스토스테론에 지배된다, 둔감하다, 잔혹하다, 시끄럽다, 젠더 감수성이 없다 등등). 모두가 남성 리더의 최대 결점을 나열할 수 있다. 그렇다면 여성 리더의 최대 결점 열 개는 과연 무엇일까? 그것을 알고 있고, 나열할 자신이 있다면, 한번 해보라!

암묵적 요점이 마지막 문장에 숨겨져 있다.

그것을 알고 있고, 지적할 자신이 있다면, 한번 해보라!

당연히 이 문장은, 자신 없으면 입 다물고 가만히 있으라!는 뜻이다. 말하자면 도덕적 압박 때문에 여성 리더를 비판할 수 없다는 것이다. 실제로 남성 리더들이 바로 그렇게 한다. 입 다물고 가만히 있다! 그들이 해서는 안 되는, '정치적으로 올바르지 않은' 말들이 아주 많다는 것을 잘 알기 때문에 그냥 침묵한다. 그러나 애석하게도 특정 언어 표현을 쓰지 않는다고 해서, 실제 권력 관계가 소망처럼 크게 달라지지는 않는다. 언어를 중심에 두는 이런 오해는, 데보라 태넌이 말한 수평적 소통 형식에서 주로 생긴다. 수직적 소통 방식으로 공격하고 그것을 당연하게 여기는 남자들과의 심각한 갈등 상황에서는, 언어적 소통 방식이 정말이지 아무 소용이 없다. '공화국의 여성화' 주술을 열심히 보도하는 수많은 편집부 내부에서도 마찬가지다.

실제로는 격변을 겪고 있음에도 마치 진보가 실현된 것처럼 윤색하는 이런 만연된 보도 행태는, 우리의 현재 위치를 명확히 파악하지 못하게 방해한다. 우리는 이제 겨우 산자락에 있다. 아직 산 중턱에도 오르지 못했다. 이런 상태에서 마치 우리가 벌써 벼랑과 빙하를 지나 정상에 오른 것처럼 주술적 주문만 계속 반복하면, 결국 아무에게도 유용하지 않은 환상만 퍼진다. 재난에 충격받지 않고 현명하게 대처하려면, 냇물의 범람과 산사태를 아주 의식적으로 예상해야 한다.

이것만은 인정하자! 여자와 남자는 서로에게 낯선 외계인이다. 많은 이들이 다소 좋은 뜻으로, 남녀가 서로 저절로 이해하게 될 거라고 말한다. 그러나 직장 내 갈등 상황에서 이런 태도는 듣기 좋은 거짓말이다. 실제로 여자와 남자는 아주 다르다. 생각이 다르고, 반응 방식이 다르고, 목표가 다르고, 태도가 다르다. 그러나 두 외계인은 아주 잘 지낼 수 있고, 같이 일할 수 있다. 단, 그들이 서로를 외계인으로 인정하고, 통역의 필요성을 깨달을 때만 그렇다. 그들은 드림팀이 될 수 있다! 그러나 양쪽 모두 드림팀이 될 수 있는 나름의 자질을 갖춰야 하는데, 그런 자질은 저절로 생기지 않는다.

착취하는 우정

친근함의 속임수

01

착취로의 초대

지렛대를 놓을 정확한 위치만 안다면, 수평적 언어 체계도 수직적 언어 체계처럼 조작될 수 있다. 수평적 세계의 대표자인 여자들은 언제나 조화로운 균형을 중시한다. 이 사실을 남자들도 잘 안다. 그리고 자신의 서열과 권력을 높이는 데 더 관심을 두는 남자들은 여자들의 이런 조화 욕구를 이용하여 자신의 이익을 챙긴다. 여성 직장인들은 남자 상사가, 예를 들어 물질적 보상보다 감정적 이익을 약속할 때 더 쉽게 조종되고 이용당한다.

애석하게도 이런 사례들이 수없이 많다. 그중 전형적인 한 사례를 보자. 피르나는 북부 독일의 한 화학공학연구소에서 실험 보조자로 일했다. 그러나 수년 전부터 이미 그녀의 업무는 실험 보조자의 역할을 훨씬 넘어섰다. 그녀는 이른바 실험실 총괄자였다. 그러나 그에 합당한 보수를 받지 못했다. 아무도 그녀의 능력을 의심하지 않았고, 모두가 그녀에게 조언을 구했다. 피르나는 50대 초반이었지만 적어도 열 살은 더 나이 들어 보였다. 상냥한 눈매지만 짙은 다크서클을 가리기 위해 커다란 선글라스를 썼는데, 내가 받은 첫인상은 만성 피로에 찌든 여자였다.

연구소는 그녀의 헌신을 무시했다. 연구소를 소개하는 팸플릿을 제작한 적이 있는데, 이때 벌어진 일은 거의 모욕에 가까웠다. 팸플릿에 모든 직원의 사진을 실으면서 피르나 사진만 빠트렸다. 물론 단순 실수일 수 있다. 그러나 이런 실수는 '연구소 운영진'이 피르나를 제대로 인식하지 않았다는 명확한 징후다. 얼마 전에는 연구소 소장이 피르나에게 특수장비실도 관리해 달라고 부탁했다. 그런데 특수장비실은 실험실에서 몇백 미터 떨어진 건물의 8층에 있었다.

이때 소장은 영리하게도 다른 직원들 앞에서 피르나를 추켜세웠다.

"피르나 씨는 일을 정말 확실하게 잘해요. 아무도 따라잡을 수가 없을 만큼 완벽해요. 그래서 믿고 맡길 수 있지요."

실험실 관리만으로도 벅찬데, 추가로 특수장비실까지 관리하는 것은 당연히 피르나에게 매우 힘들었다. 그럼에도 그녀는 뿌듯해하며, '힘들지만, 분명 방법이 있을 거예요'라고 대답했다. 사실 지금 업무만 해도 두세 사람이 필요한 상태이니, 실험실 업무를 조금 줄여 주거나 월급 인상으로 노고를 인정해 준다면 정말 기쁘겠다고, 피르나는 소장에게 조심스럽게 말했다. 하지만 그럴 때마다 소장은 매번 애석해하며, 자기가 해결할 수 있는 사안이 아니고, 연구소 차원에서 '특별 규정'을 만들어야 할 텐데 그럴 여력이 없을 거라며 대화를 피했다.

피르나가 어쩌다 한 번씩 이런 대화를 시도하면, 소장은 언제나 아주 싹싹한 아들처럼 굴었다. 커피를 더 마시겠느냐, 갓 구운 크로와상이 있는데 먹어 보겠느냐 등등 이런저런 친절한 질문으로 선수를 쳤다. 그리고 매번 연구소 예산이나 프로젝트 같은 걱정거리를 늘어놓았다. 한마디로 소장은 피르나를 가장 신뢰하는 동료처럼 대했다. 피르나 역시 소장의 이런 대우를 아주 좋아했다. 다만 월급 인상이나 직원 충원, 혹은 공식적인 승진 등 진짜 주제는 언제나 뒤로 밀쳐졌다.

연구소 소장의 행동은 한마디로 '조작적'이다. 그는 수평적 세계에 대한 자신의 지식을 마키아벨리처럼 이용하는 남자 상사의 전형적인 사례다. 그는 피르나를 착취하는 방법을 아주 정확히 알고 있었다. 그는 언제나 당나귀에게 당근을 보여 주었고, 당나귀는 당근을 먹기 위해 열심히 앞으로 달렸지만, 결코 당근을 먹을 수 없었다. 여성 직장인에게 당근은 대개 상사와의 개인적인 친분이다.

소장은 기본적으로 단둘이 있을 때만 피르나를 친근하게 대했고, 공식적인 자리에서는 언제나 보조자로 취급했다. 그리고 피르나는 여전히 이런 착취를 기꺼이 허용했다. 소장의 태도가 얼마나 조작적이고, 그녀가 소장에게 얼마나 착취당하고 있는지 지적하자, 피르나는 오히려 소장을 변호했다.

"아무리 좋은 마음을 가졌더라도 소장이라는 막대한 책임이 있고, 사방에서 들려오는 모든 요구에 주의를 기울이기는 사실 힘들죠."

피곤한 기운이 역력한 피르나를 보면서, 나는 옛날 만화의 한 장면을 떠올렸다. 벼랑을 향해 돌진하다 멈추지 못해 결국 벼랑 끝을 지나 허공에 떠서도 계속 달리는 동작을 하다 일순간 동작이 멈춘다. 그 다음 무슨 일이 벌어질지 우리 모두는 잘 안다. 추락!

02

스톡홀름 신드롬

피르나의 태도는 모든 면에서 자기 파멸에 해당한다. 제삼자의 눈에는 그것이 명확히 보이지만, 그녀 자신은 이미 그 속에 완전히 빠져있기 때문에 본질적인 전환점 없이는 스스로 알아차릴 수가 없다. 그녀의 태도는 '스톡홀름 신드롬'에 가까웠다. 납치범과 납치된 사람 사이에 우호적 관계가 형성되는 것이다. 만약 이 신드롬이 이미 중증이라면, 제삼자가 할 수 있는 일은 거의 없다. 나는 그녀가 언젠가는 신체적으로도 병들게 될 것 같아 걱정되었다. 스스로 초래한 신체적 고장이지만, 아무튼 그것을 계기로 그녀는 이런 재앙적 착취 관계에서 나올 수밖에 없으리라. 그로 인해 어쩌면 악순환에서 벗어날 기회를 다시 한

번 얻게 되리라.

조작적인 상사는 모든 분야에 다 있다. 피르나의 사례에서처럼, 어떤 상사들은 원하는 것을 얻기 위해 어떤 여직원의 어떤 단추를 눌러야 가장 효과가 좋은지를 아주 의식적으로 연구한다. 또 일부 상사들은 그럴 필요조차 없다. 그들은 구조적 압박, 아첨, 꾸며낸 호감, 협박을 어떻게 조합해야 가장 효과적인지를 본능적으로 알기 때문이다. 그렇다고 이런 관계가 바꿀 수 없는 자연 법칙은 아니다. 이런 조작적 관계는 언제나 두 사람의 상호 작용으로 만들어지기 때문에, 한쪽이 바뀌면 관계도 바뀐다.

겨우 몇 살 위인 대기업 임원을 위해 몇 년째 헌신적으로 일했던 유능한 여자 변호사의 사례를 보자. 그녀의 헌신적인 충성에 대기업 임원이 준 보상은, 점점 더 많은 업무를 맡기는 것이었다. 그는 심지어 개인적인 법률 상담도 그녀의 도움을 받았다. 시간을 많이 뺏기는 일을 부탁하고도 금전적 보상이 전혀 없었다. 그런데 마침내 그녀가 용기를 내 월급 인상을 요구하자, 그는 그녀가 언제든지 대체 가능한 인력이라며 아주 거칠게 반응했다. 이 변호사는 어째서 그토록 오랫동안 이런 일이 벌어지도록 내버려 두었을까?

이런 식의 착취를 허용하는 태도는 출구 없는 갈등으로 이어질 수 있다. 품질관리부에서 일하는 한 여직원의 사례를 보자. 그녀의 상사는 아주 젊었는데, 그는 기술 분야의 다른 팀장들에게 자신의 주장을 제대로 관철하지 못했다. 그는 팀장 회의에서 동료들과 충돌한 뒤에는 언제나 그녀의 책상으로 와서 속상한 마음을 털어놓았다. 언제부턴가 이것이 효과를 냈다. 이 여직원이 용맹한 수호자가 되어 상사를 대신해 다른 부서의 강력한 팀장들과 싸웠다. 당연히 그녀의 적은 많아졌고, 그녀의 처지는 점점 더 힘들어졌으며, 회사에서의 입지도 점점 약해졌다. 그러나 정작 그녀의 상사는 부하 직원이 자신을 대신해 싸우고 있는 모든 갈등과 무관한 사람처럼 행동했다. 심지어 어떨 땐 다른 팀장의 편을 들기도 했다!

왜 그녀는 자신과 전혀 무관한 일에 그토록 자발적으로 나서서 상사를 대변했을까? 왜 그녀는 자기보다 월급을 훨씬 더 많이 받으면서 그녀를 영혼의 쓰레기통으로 이용하는 상사를 위해 고생을 자처했을까? 비록 직장 내 서열과는 전혀 안 맞지만, 아마도 그녀가 상사의 보호자였기 때문이리라. 이 상사는 사실 전문적 도움이 시급한 확실히 무능한 팀장일 뿐 아니라, 배후에서 게임을 조종할 줄 아는 노련한 조작자이다. 그는 여직원을 방패 삼아 자신의 이익을 챙기기 위해 그녀의 연민 반응을 이용했다. 그리고 그녀가 곤란에 처했을 때는 그냥 빗속에 세워둔 채 모른 척했다. 정말이지 비열한 태도다.

서핑보드가 될 수는 없어!

동료들과 친하게 지내며 즐겁게 일하고, 사적으로도 친해질 수 있을 만큼 사무실 분위기가 좋다면 다행스러운 일이다. 그러나 만약 팀장이 마치 자신이 세상에서 제일 좋은 사람인 양 군다면 조심해야 한다. 이런 팀장을 아들(혹은 아버지)이나 잠재적 친구, 또는 이상형 남편감으로 느껴 팀장을 위해 기꺼이 희생할 준비가 되어 있다면, 당신은 이미 과도한 동일시의 함정에 빠진 것이다.

　운이 좋으면 팀장은 당신의 이런 약점을 이용하지 않을 테지만, 만약 운이 나쁘면 팀장은 당신의 이런 과도한 동일시를 이용하여 당신을 도구화할 것이다. 파도를 탈 때 언제든지 사용할 수 있는 서핑보드쯤으로 여길 것이다. 서핑보드는 파도를 잘 타게 해주는 유용한 도구이다. 그러나 파도를 탈 일이 없으면 서핑보드는 구석에 방치된다. 서핑보드를 인격적으로 대하는 서퍼는 없다. 필요할 때마다 올라타지만, 파도를 타는 동안 발밑의 서핑보드를 특별한 존재로 인식하지 않는다. 팀장의 서핑보드가 되었다면, 당신은 나쁜 패를 손에 쥐었다. 물론 아주 매력적인 젊은 서퍼들도 많다. 그러나 그들이 늘 서핑보드만 배려한다면 앞으로 나아가지 못할 것이다. 그리고 그들이 원하는 것은 앞으로 나아가는 것이다. 기존의 서핑보드가 제대로 기능하지 못하면, 서퍼는 언제든지 다른 보드로 교체한다.

수평적 세계의 대표자 중에는 남자 상사에게 과도하게 관대한 사람들이 있다. 때때로 그들의 태도는 심지어 자신을 서핑보드로 써달라고 요청하는 것처럼 보인다. 과거에 이런 착취적 환경에서 성장했기 때문에 직장 생활에서도 이런 태도를 보이는 사례도 있다. 이를테면 아버지, 배우자, 친인척에게 늘 무시만 당했던 사람은 채워지지 않은 인정 욕구를 갖고 직장 생활을 하게 된다. 이것을 치유하지 않은 채 그대로 두면 금세 희생자로 전락할 수 있고, 최악의 경우 직장에서도 계속 무시와 모욕을 당할 수 있다.

팀장의 존재감이 너무 없어서, 심지어 팀에 아예 없는 사람처럼 되었을 때도 이런 사악한 메커니즘이 작동할 수 있다. 팀 전체의 사적인 끈끈한 관계가 팀장을 대신해 당신을 착취할 수 있다. (기술적, 혹은 창의적 진보로 여겨지는) 분업화가 증가하면서, 다소 비열한 게임에서도 여성 직장인들이 상냥한 표정을 유지하는 것이 표준으로 굳어질 수 있다. 당연히 좋은 시절에는 이것이 얼마나 비열한 게임인지 거의 드러나지 않는다. 그러나 상황이 나빠지면, 예를 들어 주문이 줄거나 매출이 떨어지면 함께 했던 취미 생활이나 함께 다녀온 휴가 여행은 갑자기 아무 역할도 하지 못한다. 남자들보다 여자들이 주로 이런 사적인 친절을 순진하게 곧이곧대로 믿는다. 그래서 현실 자각은 여자들에게 더욱 가혹하고 아프다.

　사무실 분위기가 페이스북의 '친구' 같은 관계를 후원할 뿐 아니라 명확히 기대한다면, 최악의 경우 직원들의 조작적인 집단행동이 당신을 착취할 수 있다. 그 결과는 조작적인 팀장이 착취할 때보다 더 나쁠 수 있다. 수시로 공격을 받지만, 친절한 가면 때문에 공격으로 인식되지 않는다. 그래서 겉보기에만 유연한 근무 환경에서는 주로 남자들이 수혜자이다. 반면 여자들은 (배제의 두려움 때문에) 평화를 깨기보다 차라리 침묵하고 미소로 견딘다. 많은 여성 직장인이 서열보다 분위기를 중시하다 무방비 상태로 공격을 당할 수 있는데, 결국 남자 직원, 남자 동료, 남자 상사로부터 뼛속까지 빨아 먹힌다.

04

끈끈함이 아니라 끈적임이다

이와 관련하여 마르크스의 주장을 상기하는 것이 매우 바람직하다. 특히 IT문화의 영향으로 직장과 사생활 사이의 경계가 희미해지면서 잊혀진, 단순한 사실이 하나 있다. 노동이란 많은 경우 거래가 이루어진다는 뜻이다. 한쪽은 노동력을 제공하고, 다른 한쪽은 그 노동력에 대한 대가로 돈을 지급한다. 우리는 이것을 자본주의라고 부르는데, 자본주의는 아주 친절하게 작동하는 것처럼 보인다. 하지만 여기에는 우정의 공간이 그리 넓지 않다. 여자들이 원하는 것보다 훨씬 좁다. 거짓 친근함으로 유혹하여 착취하는 시스템에서 자신을 구할 방법은 한 가지뿐이다. 그것은 바로 거리 두기다.

이런 조작적 환경에서는 아주 단순한 질문을 상기해야 한다. '나는 어떤 노동력을 제공하고, 그 대가로 돈을 얼마나 받는가?' 그것은 고용 계약서에 명시되어 있다. 사실 직책에 따른 역할 범위를 확인하는 것만으로도 충분하다. 역할 범위를 확인하여 야근을 거부하거나 명시된 업무만 하라는 뜻이 아니다. 회사가 요구한다면 당연히 명시된 업무 이상을 할 수 있다. 단, 깊이 따져보라! 코앞에 매달린 당근에 현혹되어 열심히 달리는 순진한 당나귀는 아닌지 자신을 성찰해보라. 그렇다고 해서 회사 야유회 등에 참석하지 말고, 동료나 상사와 포도주 한잔 나누는 것마저 거부하라는 뜻은 아니다. 당연히 그래도 된다. 그러나 '쓰러질 때까지 일하라. 그러면 당신은 나의 친구, 혹은 더 나아가 나의 공주님이 될 수 있다'라는 모토에 따라 친근함을 보상처럼 제시한다면, 조심하라!

끈적이는 친근함을 거리 두기로 방어할 경우, 지배적인 동료나 착취하는 상사가 그것을 불쾌하게 여길 수 있다. 그런 일이 충분히 생길 수 있음을 예상해야 하고, 그것을 견뎌야 한다. 그렇게 했을 때 장기적으로 숨 쉴 공간을 더 많이 확보할 수 있다.

제
3
장

호르몬 사무실

성희롱 대처법

01

에로스의 남동생

남녀 직장인이 업무 중에 얼마나 자주 성적인 생각을 하는지가 매년 새롭게 조사된다. 조사자의 질문에 따라 평균 수치는 바뀌지만, 경향은 명확하다. 업무 중에도 성적인 생각은 꺼지지 않는다! 물론 그런 생각을 한다고 해서 곧바로 그것이 성희롱이거나 외도는 아니다. 업무 지향적 환경에서는 기본적으로 그런 진화생물학적 반사가 강화되지 않고, 대개는 금세 사라진다. 그러나 다르게 진행되기도 한다. 그러면 상황이 아주 복잡해질 수 있다.

대략 1960년대 이후부터 서구 산업사회에서 성은 금기가 아니다. 특히 인터넷을 통해 언제든지 자유롭게 접할 수 있는 만연된 성적인 사진들이 우리의 미학 기준에 막대한 영향을 미친다. 우리가 인식하고 있는 것보다 훨씬 더 강력하게! 그래서 직장에서 어떤 옷이 괜찮고 어떤 옷이 안 되는지의 기준이 완전히 무너질 수 있다. 그 사이 수많은 여성 잡지가 의류 생산 업체의 변함없는 관심 속에서 실제로 명예를 훼손할 수 있고 권위를 떨어트리며, 대단히 잘못된 메시지를 전달하여 파괴적인 결과를 낳을 수 있는 복장을 오피스룩 혹은 업무 복장으로 소개한다. 어딘가에서 한 번 본 연출된 이미지를 곧이곧대로 받아들이면 안 된다. 연출된 사진이 모든 상황에 맞는 건 아니다. 직장에서는 더더욱 아니다.

개념 혼동으로 늪에 빠지지 않도록, 에로스와 섹스의 큰 차이부터 먼저 설명하겠다. 이 둘을 구별하지 않으면 곤경에 빠질 수 있다.

섹스는 에로틱 우주의 작은 부분에 불과하다. 에로스는 원시적인 성적 특징이라기보다는 인간의 생명 에너지에 훨씬 가깝다. 그러므로 업무에 몰입하는 사람은 (종종 아주 무의식적으로) 자신의 생명 에너지를 뿜어내기 때문에 대단히 에로틱해 보이기도 한다. 명인의 노련한 손놀림이 매혹적으로 보일 수 있다. 키보드 위를 가볍게 날아다니거나 우아하게 글씨를 쓰는 손이 에로틱할 수 있다. 말끔한 제복을 갖춰 입은 도어맨이나 접수원이 매력적으로 보일 수 있다. 그것은 섹스와 관련이 없다. 그러나 에로스와는 관련이 많다. 에로스와 노동은 아주 가까운데, 둘 다 개인의 에너지 발산과 관련이 있기 때문이다.

업무에 몰입한 모습이 에로틱해 보인다고 해서, 그것을 성적인 초대로 볼 수는 없다. 오랜 기간 준비하고 긴장감을 이겨내 마침내 무대에 오른 남녀 배우들이 관객의 눈에 아주 매력적으로 보일 수 있다(무대 밖에서는 전혀 관심도 없던 사람이 흥미롭게도 공연을 보면서 매력을 느낄 수 있다). 심지어 갈등 상황에서 목소리를 높여 능동적으로 자기 입장을 변호하는 사람, 편들어주는 사람이 아무도 없더라도 자신의 내적 에너지를 거침없이 드러내는 사람이 에로틱해 보일 수 있다. 그러나 당연히 이것은 섹스가 아니다.

지붕 위에서 내려다보며 지나가는 여자들에게 휘파람을 불어대는 공사장 인부들의 행동 역시 섹스가 아니다. 지붕이 너무 높아서, 밑에 지나가는 여자가 소녀인지 할머니인지 구분이 안 되는 상황이라면 더더욱 아니다. 도대체 그들은 왜 이런 행동을 할까? 집을 지음으로써 무에서 유를 창조해냈고, 자신의 전문 기술과 육체적 힘으로 뭔가를 이루어내는 매우 만족스러운 경험을 했기 때문이다. 이럴 때 에로틱한 에너지가 별다른 의도 없이 예기치 않게 폭발할 수 있다. 그것이 휘파람으로 혹은 희롱의 말로 드러난다. 어쩌면 그것을 듣는 당사자는 개인적인 공격으로 느끼겠지만, 공사장 인부들의 의도는 멀리 떨어진 곳에서 불특정 다수에게 보내는 것이다. 에로스는 이처럼 아주 노골적일 수 있지만, 성적인 접촉과는 무관하다.

정말로 양쪽이 원한다면, 에로틱한 신호가 당연히 성적인 만남으로 이어질 수 있다. 하지만 에로틱한 신호가 아무 결과 없이 당연히 성적인 접촉도 없이 끝나는 경우가 대부분이다. 그래서 다양한 방식의 에로틱한 신호는 일상을 다채롭고 더 즐겁게 만들 수 있다. 그러므로 에로틱한 신호는 편안한 게임일 수 있다.

이런 맥락에서 '호감', '흠모', '인정'의 뜻으로 가볍게 허리를 숙이는 순수한 미모 숭배, 재빨리 훑는 시선, 미소 등이 오간다. 혹은 '코트가 정말 멋지네요!', '양복이 아주 잘 어울려요.' 정도의 찬사를 주고받고 각자 가던 길을 간다. 두 사람은 이런 말을 했거나 들은 것에 기뻐할 뿐, 개인적으로 따로 만나지 않는다. 다소 장황한 설명이었지만 핵심만 짧게 말하면, 직장에서 업무와 에로스는 합법적으로 같은 공간에 가까이 존재한다. 심지어 원활한 팀워크에 도움을 준다.

그러나 섹스는 완전히 다르다. 기본적으로 성적인 신호는 업무를 방해한다. 이런 신호를 보내는 사람이 있다면, 질서 유지를 위해서라도 따로 불러 경고해야 한다. 예를 들어 업무 복장의 적합성을 상기시키고 성적인 신호를 문제 삼는 것은, 상사의 권한인 동시에 명확한 의무이다. 이것은 당연히 아주 섬세한 감각이 필요한 몹시 까다로운 일이지만, 상사라면 해야 한다. 사생활에서는 당연히 이런 권한과 의무가 없다. 그러나 결과 지향적인 직장에서는 확실히 있다.

그러나 많은 경우 직장이라는 틀 안에서도 아주 다양한 변형이 있을 수 있다. 업무 시간이 명확히 구분되고 사무용 기기들이 삭막한 분위기를 만드는 일반적인 업무 환경에서는 성적 접촉이 덜 부추겨진다. 그럼에도 성희롱은 일어날 수 있다. 일반적인 업무 환경에서 벗어나면, 예를 들어 회의·출장·해외 연수·혹은 평소와 완전히 다른 환경에 있으면 상황이 달라진다. 그러면 어떤 남자들은 직장에서 당연했던 표준이 더는 적용되지 않는다고 착각한다. 이런 착각은 아주 천천히 발달하지만 언젠가 아주 거대해질 수 있다.

02

호르몬성 기억상실증

이번 사례의 현장은 유람선이다. 한 에이전시 사장이 전 세계의 유명 예술가들을 유람선에 초대했다. 예정되었던 '일정이 끝나고' 훌륭한 심포니오케스트라 연주도 있었다. 새벽 2시였다. 에이전시 사장은 (자기 나이의 절반도 안 되는) 여비서와 갑판 위에 있었다. 사장은 여비서의 업무 능력을 칭찬하고 수고했다며 격려해 주었다. 공식 일정을 모두 마치고 잔잔한 파도 소리를 기분 좋게 듣고 있자니, 문득 방에서 오붓하게 여비서와 포도주 한잔 마시고 싶어졌다. 그는 아주 애처로워 보이는 표정으로 애원하듯 말했다.

"어제도 저녁을 혼자 먹었어. 이제 일정도 다 끝났으니 포도주 한 잔 정도는 같이 마셔도 되지 않을까?"

여비서의 직감이 일시에 경보음을 울렸다. 그녀는 사장을 좋아했지만, 사장과 비서라는 공적인 관계 그 이상을 원치 않았다. 그래서 거절할 명분을 열심히 찾았다. 급히 보낼 팩스가 있다고(당연히 그런 건 없었다) 둘러댔고, 사장은 핑계라는 것을 알아차렸다. 그러나 그는 친절한 표정으로 비서에게 길을 터주었다. 이제 사장은 다시 혼자 남았다. 그런데 비서의 마음이 무거웠다.

혹시 사장에게 상처를 주었고 그것 때문에 회사 생활이 힘들어지지는 않을까? 어떻게 반응하는 것이 더 현명했을까?

그녀는 불안감에 휩싸였고 도망치고 싶은 마음뿐이었다.

이 사례에서 사장은 포도주 제안으로, 지금까지 지켜왔던 업무적 차원을 떠났다. 일단 상대적으로 무해한 상황부터 살펴보자. 고된 일정으로 사장의 아드레날린과 테스토스테론 수치가 상승했고, 그의 몸은 인류의 오랜 욕구에 순종했다. 사실 사장은 비서에게 먼저 허가를 구했다.

이제 업무적 차원에서 벗어나도 될까?

아마도 그는 이 순간 호르몬 작용 때문에, 두 사람의 지위 차이를 잊었을 터이다.

시뮬레이션에서 사장 역을 맡은 스파링파트너가 매력적인 미소를 지으며, "방에 가서 포도주 한잔 할까?"라고 비서에게 물었다. 실제로 사장이 어떤 표정이었는지 아무도 말해주지 않았음에도, 스파링파트너는 실제와 똑같이 말하고 행동했다. 첫 번째 반응에서 비서는 즉시 남자 친구가 있고, 남자 친구를 배신하기 싫다고 명확히 밝혔다. 사장(스파링파트너)은 이제 약간 당황하며 화를 냈다. 절대 그런 뜻으로 제안한 게 아닌데(당연히 정확히 그런 뜻으로 초대한 것이었다), 비서가 뭔가를 오해했다는 것이다. 왜 화가 났냐고 묻자, 그는 비서가 자기 얘기를 너무 심각하게 받아들이고 오해를 했기 때문이라고 대답했다. 아하!

두 번째 시도에서 비서는 사장이 잠시 잊고 있었던 두 사람의 지위 차이를 상기시켰다. 방에서 포도주를 마시자는 사장의 요구에 친절하면서도 명료하게 대답했다. "당신은 사장님이세요." 정적. "나는 이 회사에서 일하는 비서고요." 정적. "포도주는 마시지 않는 게 좋겠어요." 사장이 즉시 대꾸했다. "아하, 그렇다면 그러죠." 두 사람은 바로 헤어졌다.

나는 재현을 중단시키고 스파링파트너에게 물었다.

"기분이 어때요?"

"좋아요, 괜찮아요."

나는 다시 캐물었다.

"방금 명백하게 거절당했는데, 화가 나진 않나요?"

"전혀요. 화가 왜 나죠?"

나는 다시 물었다.

"솔직히 포도주만 마시려던 게 아니잖아요. 뭔가 더 바라는 게 있었고, 그것이 이제 물거품이 되었잖아요."

"그렇죠. 시도는 해볼 수 있는 거 아닌가요? 성공하진 못했지만 그래도 괜찮아요."

사장은 약간 아쉬워했을 뿐, 전혀 불쾌해하진 않았다.

'시도는 해볼 수 있는 거 아닌가요?'

사장의 이 말에서 아무튼 포도주 제안이 의도된 공격이 아니었음이 드러났다. 비서는 이제 안심이 되었다. 이렇게 간단하다! 서열을 간단히 상기시키는 것만으로도 큰 어려움 없이 상황을 끝낼 수 있다.

문자처럼 간접적인 비대면 공격에서도 비슷하게 진행될 수 있다. 전자 부품회사를 경영하는 여사장의 사례를 보자. 그녀는 전자 부품회사 사장으로서 여러 거래처의 조립 팀장들과 일했다. 주요 거래처의 한 조립 팀장이 이 여사장과 협력 관계 그 이상을 원했고, 급기야 그는 그녀에게 좋아한다고 고백하면서 저녁을 사고 싶다고 문자를 보냈다.

여사장은 이 상황이 매우 불편했다. 게다가 그는 그녀가 결혼했다는 사실을 알고 있었다! 그녀는 어떻게 반응해야 할지 몰랐다. 그래서 그냥 아무런 반응도 하지 않았다. 무려 1년 동안이나! 나아가 그동안 그와의 모든 접촉을 피했다. 조립 팀장의 영향으로 그 거래처에서는 그녀의 회사에 더는 주문을 넣지 않았고, 그것이 눈에 띄는 매출 감소로 이어졌다. 여사장은 어떻게 반응해야 했을까?

유람선 사례처럼 직업적 관계를 명확히 지적했으면 어땠을까? 다만 문자로 온 공격이니 문자로 답하면 된다.

'존경하는 ○○○ 귀하, 당신의 문자를 받았습니다. 주문하신 △△△ 부품은 기꺼이 납품하겠습니다. 세부 일정은 제 비서와 의논하시기 바랍니다. 안녕히 계십시오.'

대략 이 정도로!

의도적으로 공식적이고 형식적인 친절한 반응은 직업적 관계로의 회귀를 명확하게 표현한다. 그러면 조립 팀장은 기분 상하는 일 없이 그냥 이 일을 넘길 것이다.

이런 사례들에서는 간단히 반응할 수 있다. 그러나 애석하게도 항상 그렇진 않다. 유람선을 타지 않더라도 이런 비슷한 곤경에 빠질 수 있다. 회사 건물 안에서도 평소와 다른 공간 세팅만으로도 저급한 영화의 한 장면이 연출될 수 있다. 회의실에서 마르세와 파일에게 일어난 일처럼.

03

압박과 당혹에 맞서다

한 대기업의 회의실에서 여섯 개 유럽 자회사의 팀장급 주간 회의가 그룹 통화로 진행되었다. 회의실에는 파일(남)과 마르셰(여) 두 명뿐이었고, 회의실 책상에는 스피커가 켜진 전화기 한 대뿐이었다. 스페인 동료가 스페인 시장 현황을 상세히 설명했고, 회의실의 두 사람은 귀담아 들었다. 그런데 파일이 갑자기 '음 소거' 버튼을 눌렀고, 스페인 동료의 목소리가 더는 들리지 않았다.

파일은 마르셰 쪽으로 몸을 기울여 얼굴을 빤히 보며 말했다. "지금 여기서 할까, 아니면 다른 곳으로 갈까?"

마르셰는 날벼락을 맞은 기분이었다. 그녀는 스페인 동료의 설명에 집중하고 있었던 터라, 이런 기습을 전혀 예상하지 못했다! 머릿속이 하�‍애졌고 숨이 가빠졌다. 이제 뭐라고 말해야 할지 아무 생각도 안 났다. 그저 너무 당혹스러웠다. 그녀는 헛되이 양손만 흔들 뿐 아무 말도 하지 못했다. 말이 나오질 않았다. 조금 뒤 파일이 다시 버튼을 눌렀고 스페인 동료의 음성이 다시 들렸다. 회의가 끝났을 때, 파일은 회의실을 나가면서 마르셰에게 말했다.

"농담이었어!"

벌써 4년 전 일이었지만, 마르셰는 지금도 그 일을 떨쳐버릴 수가 없었다. 언제든지 그런 일이 또 발생할 수 있고, 그러면 그때와 똑같이 어찌할 바를 모르고 당할 것 같아 겁이 났기 때문이다. 게다가 파일은 그 후로 계속해서 마르셰에게 노골적으로 외설스럽게 말했다. 파일의 행동은 호숫가에서 조심스럽게 데이트를 신청하는 것과는 차원이 완전히 다르다. 파일은 의도적으로 압박을 만들었다. 게다가 회의 중이었다! 이런 환경에서 희롱의 말로 상대방을 매혹할 수 있다고 여겼을 리가 없다. 파일의 행동은 희롱을 가장한 공격이다. 상대방을 당혹스럽게 하고 무시하려는 의도가 다분히 깔려있다.

종종 그렇듯 언어적으로 공격을 받으면, 즉각적으로 적절히 혹은 아주 재치 있게 반격하기가 쉽지 않다. 적당한 말이 떠오르지 않는다. 그러므로 그런 상황에서는 뭔가 언어적으로 즉시 반격해야 한다는 압박을 버려야 한다. '언어적 반격'은 주로 수평적 욕구이다. 지금은 아직 그걸 생각할 때가 아니다.

이런 상황에서는 먼저 자신의 몸에 주의를 기울여야 한다. 뒤로 물러나는 무의식적인 움찔, 거리를 두거나 자리에서 일어서고 싶은 욕구 등, 언제나 미세한 신체 반응이 있게 마련이다. 머리가 아직 모르는 뭔가를 몸이 먼저 알고 반응한다. 이런 신체적 신호가 종종 이런 상황에서 벗어나는 방법을 알려 준다(단, 반사적인 도망은 극단적인 상황에서만 써야 한다). 특히 신체적 공간적 반응은, 반격의 말을 생각해낼 시간과 충격의 마비에서 나와 뭔가 행동할 수 있는 시간을 벌어준다.

세미나에서 회의실 상황을 재현했을 때, 마르셰는 일단 즉각적으로 말로 반격하려 애쓰지 않았다. 이때의 감정은 거의 폐소공포증에 가깝기 때문에 무엇보다 숨 쉴 공기가 필요하다. 마르셰 자신도 그것을 감지했다. 나는 말이 아니라 몸으로 표현하라고 격려했고, 그녀는 이제 아무 말도 하지 않고 정색한 표정으로 천천히 의자를 뒤로 밀었다. 그리고 굳은 표정을 유지하며 자리에서 일어섰다. 그 사이 벌써 몇 초가 흘렀고, 이제 천천히 책상을 돌아 동료의 뒤로 다가갔다(몇 초가 더 지났다. 이제 뭐라고 말할지 생각해 낸다. 이제야 비로소!). 마르셰는 이제 반격할 말을 안다. 그걸 생각해낼 충분한 시간을 스스로 확보했다. 이제 마비도 사라졌다. 마르셰가 동료의 등 뒤에서 천천히 말했다.

"그러니까… (마르셰가 '음소거' 버튼을 해제했고, 이제 여섯 개 자회사의 동료들이 그녀의 말을 들을 수 있다) 미친 거지?"

파일이 몹시 당황했다. 왜 갑자기 그렇게 당황했냐고 묻자, 그가 짧게 답했다.

"다른 사람들 때문에요. 다 듣고 있잖아요."

바로 그것이다. 지금까지 모든 것은 단지 압박과 당혹이라는 조작으로 작동했다. 그것이 공개되거나 심지어 압박을 가하는 사람에게 향하면, 더는 작동하지 않는다.

파일은 앞으로 마르셰의 친구가 절대 될 수 없다. 틀림없이 전에도 친구가 아니었다. 순조로운 협업을 위해 이성적 주장으로 설득하려 애쓸 필요 없다. 마르셰가 지금까지와 다르게 반응한다면, 앞으로 이런 식의 공격은 없을 것이다. 반면 회사에서 내부의 적으로 그와 싸워야 할지도 모른다. 그러나 4년 동안 충격에서 벗어나지 못한 채 혼자 힘들어하는 것보다는 훨씬 견딜 만할 것이다.

이런 맥락에서 '미소'에 관해 짧게 언급하자면, 직장에서도 미소의 종류가 수없이 많다. 미소는 기본적으로 직장 생활을 편안하고 원활하게 해준다. 그러나 애석하게도 미소는 성희롱이나 무시로 이어질 수 있고, 누군가 상처를 받는 상황을 초래할 수 있다. 그러면 다양한 미소들이 결국 극단적으로 축소되어 비굴한 미소와 우월한 미소 두 가지 기능만 남는다. 갈등 상황에서 미소를 잘못 지으면, 그것이 잘못된 신호를 보내고 의도치 않게 공격자를 오히려 격려한다.

어떤 여자들은 오랜 기간의 수평적 인간관계에 익숙해져서 상냥함이 몸에 배어있다. 상냥함은 큰 공감을 얻고, 어쩌면 의도치 않은 호감도 받을 수 있다. 그러나 이런 상냥함이 몸에 밴 사람은 갈등 상황에서 극도로 조심할 필요가 있다. 너무 깊이 몸에 배어 단시간에 버릴 수 없는 경우라면, 갈등 상황에서 비록 가혹하게 비난을 쏟아 붓고 싶더라도, 일단은 천천히 고개를 높이 들고 그 자리에서 나와야 한다(천천히! 빨리 걸으면 안 된다. 빠른 걸음은 당혹감을 드러낸다).

왜냐고? 표정을 통제할 수 없다면, 이런 갈등을 그 자리에서 바로 해결할 수 없기 때문이다. 상냥한 미소가 아니라 완전히 다른 미소, 그러니까 오만함이 가득 담긴 우월감의 미소를 지을 줄 안다면, 당연히 더 당당하게 갈등 상황에 대처할 수 있다. 이런 미소는 친절이 아니라 의식적인 거리 두기다. 갈등 상황에서 이런 미소를 지을 수 없다면, 파충류의 반응을 활용하라. 파충류가 왜 그렇게 무서워 보이는지 아는가? 그들은 가면을 쓴 것처럼 표정이 없고, 입 꼬리가 움직이지 않으며, 눈의 반응도 없어서 아주 기이해 보이기 때문이다. 그러므로 당신도 갈등 상황에서 아무런 행동도 하지 않고 무표정만 유지하면 된다. 이때 뭔가를 말해도 되고, 또한 아무 말도 안 해도 된다.

어차피 당신의 표정이 대신 말해준다.

ǀ 미소라고 다 똑같은 미소가 아니다 ǀ

• 비굴한 미소

  내게 아무 짓도 하지 마세요.

  나는 해롭지 않아요.

  나는 예뻐요.

  나는 데이트하고 싶어요.

• 우월한 미소

  당신은 하찮은 존재이고,

  당신은 나를 재밌게 하네요.

  당신은 제정신이 아니군요.

  당신은 진지한 얘기를 할 줄 모르는군요.

04

강철 장갑을 끼고 반격하라

나는 세미나와 개별 상담을 통해 회사와 조직에서 벌어지는 성희롱에 대해 계속 듣는다. 경험으로 볼 때, 성희롱이 없는 분야는 없는 것 같다. 언론계, 사회 복지기관, 생산 업체, 대학, 정계할 것 없이 어디에나 다 있는 것 같다. 크든 작든 조직의 규모와도 상관없다. 심지어 노골적인 성적 협박이 자행되기도 한다. 예를 들어 거액의 연구비 지원 결정권을 가진 외부 심사위원이 앞에 선 연구비 지원자를 압박한다.

'이런 프로젝트를 진행하기에 전문 역량이 부족해 보이는군!'

그런 다음 조용히 제안한다.

'주말에 내 별장에서 함께 보내면 어때요?'

혹은 주요 방송국 피디가 승진을 기대하는 여자 후배에게 노골적으로 밀회를 요구한다. 이는 역겨운 조작이자 협박이므로, 아마도 체념이나 좌절로 결국 요구에 응했을 모든 사람을 나는 절대 비난하지 않는다. 그러나 성적 협박에 어쩔 수 없이 순응한 사람이, 암시된 혜택을 나중에 실제로 받는 경우는 확실히 드물다.

왜 그럴까?

이것과 연결된 불편한 진실이 있다. 너무 자주 쉽게 '예'라고 답하는 사람은 수직적 세계에서 결코 존중받지 못한다!

이런 성적 협박은 당연히 근무 환경을 해친다. 그러므로 인사부에 정식으로 보고하거나 동료 혹은 상사에게 알려도 된다. 상사는 틀림없이 이런 일에 깊이 관여하고, 가해자를 처벌하고 재발 방지에 힘쓸 것이다. 그것이 또한 상사의 의무다. 피해자뿐 아니라 조직을 위해서도 그런 일은 근절되어야 한다. (범죄성과 별개로) 그런 행동의 암묵적 허용은 여성을 희생시키고, 암처럼 퍼져서 직원들의 사기를 크게 꺾을 수 있기 때문이다.

'능력은 상관없어. 그 남자와 자기만 하면 돼……'

이런 마인드가 생겼다면, 그것은 재난에 가까운 일이다.

그럼에도 피해자는 이 사건을 상사에게 알려 공개적으로 문제 삼을지 신중하게 생각해야 한다. 상대방이 파렴치하게 반대 주장을 펼치면, 불행하게도 오히려 불리한 입장에 설 수 있다.

당신이 아무리 옳더라도, 빠르게 퍼지는 소문과 긴 논쟁에 들여야 할 정신적 수고는 절대 만만치 않다. 어쩌면 결국 회사를 옮겨야 할 수도 있다. 확신이 서지 않더라도 행동해야 한다! 심각한 성희롱에 자신을 희생해도 될 만큼 가치 있는 경력은 없다! 범죄에 가까운 성추행이라면 당연히 경찰에 신고해도 된다.

시간이 지난 뒤에는 적절한 반응이 어려울 수 있으므로, 사건이 발생한 즉시 그 자리에서 뭔가를 하는 것이 가장 확실하다. 첫 단계는 무엇보다 충격에 마비되지 않는 것이다. 경험으로 볼 때, 능력 있는 여성 임원들 역시 '직장 내 성차별이 이미 사라졌고 여성 친화적 규정들이 확립되었다'는 공식 메시지를 과장해서 믿는 경향이 있다. 그런 희망적 사고 때문에, 그들은 진지한 지적과 논의 단계를 이미 실현으로 여긴다.

직장 내 성희롱에 관한 한, 장밋빛 색안경보다는 적당히 의심하는 자세가 더 낫다. 그래야 성적 협박과 조작, 혹은 명확한 성추행에 맞닥뜨렸을 때 충격에 마비되어 무너져 내리지 않을 수 있다. 충격에 마비되지 말고, 침착하게 비단 장갑을 벗고 당당하게 강철 장갑을 껴라. 다음 단계로, 평소 당연하게 선택했던 언어적 반격을 버려라. 이것은 특히 언어의 대가들에게는 매우 어려운 일이다. 이어지는 뤼케르트 소장의 사례처럼!

42세 여성, 큰 키, 어깨까지 내려오는 밝은 금발, 검정 뿔테

안경, 날씬한 몸매. 뤼케르트 독문학박사는 대학 연구소의 존경받는 소장이었다. 대규모 독문학 학회가 열렸고, 당연히 공식 행사였으며, 수많은 사람이 학회에 참석했다. 중간 휴식 시간에 뤼케르트 박사가 연구소의 두 동료와 함께 로비 스탠딩테이블에서 커피를 마시고 있을 때, 프리드리히 교수가 다가왔다. 프리드리히 교수는 자기 분야에서 명성이 높은 노교수로, 정년퇴임을 앞두고 있었다. 그녀는 프리드리히 교수의 전문성을 높이 인정했고, 그도 그녀를 똑같이 존중했다.

프리드리히 교수는 팔을 크게 저으며 스탠딩테이블로 와서 짧게 인사를 한 뒤, 뤼케르트 박사를 위에서 아래로 찬찬히 훑더니 놀리듯 지적했다.

"나는 여자를 볼 때 가장 먼저 가슴과 엉덩이를 보는데, 당신은 볼 게 별로 없네요."

옆에 있던 두 남자 동료는 아무 말도 하지 않았고, 그저 이 상황을 몹시 불편해하는 것 같았다. 프리드리히 교수는 자신의 인상적인 등장을 흡족해하며 즐거워했다. 뤼케르트 박사는 프리드리히 교수를 잠깐 빤히 노려보다가 교수의 팔을 잡아끌며 큰 소리로 말했다.

"그것에 대해 단 둘이 얘기 좀 할까요?"

그리고 스탠딩테이블에서 멀리 떨어진 구석으로 교수를 끌고 갔다. 프리드리히 교수 역시 순순히 끌려갔다. 하지만 막상 구석에 단 둘이 서자 뤼케르트 박사는 용기를 잃었다. 결국, 프리드리히 교수가 대화의 주도권을 쥐었고, 당연히 사과 같은 건 할 필요가 없었다.

우리가 이 상황을 재현할 때, 뤼케르트 박사가 프리드리히 교수의 팔을 잡고 그 자리에서 떨어트려 놓은 것은 매우 효과적인 반응이었음이 명확해졌다. 그녀는 단지 한 걸음만 더 나가면 되었지만, 그 한 걸음을 뗄 줄 몰랐다. 그녀는 지성인들이 하듯이 언어적으로 문제를 해결하고자 했다. 그러나 프리드리히 교수는 무례한 희롱으로, 이미 지성인의 자질이 통하는 상황이 아님을 확실히 알렸다. 그래서 뤼케르트 박사가 프리드리히 교수(스파링파트너) 앞에 서서 그의 어깨에 손을 올리고 아주 진지하게 그리고 천천히 다음과 같이 말했을 때, 가장 효과가 좋았다.

"안 됩니다… 여성에게… 그렇게… 얘기하면… 안 돼요. 아시겠어요?"

프리드리히 교수는 모든 것이 농담이었다고 변명하려 애썼다. 그러나 뤼케르트 박사는 물러서지 않고 정색한 표정으로 고집스럽게 똑같은 말을 반복했다.

"안 됩니다… 여성에게… 그렇게… 얘기하면… 안 돼요. 아시겠어요?"

그러자 프리드리히 교수의 입에서 사과의 말이 겨우 비집고 나왔다.

내가 프리드리히 교수(스파링파트너)에게, 지금 가장 하고 싶은 게 뭐냐고 묻자, 그는 짧게 답했다.

"보드카! 보드카를 마시고 싶네요."

왜? 부끄러우니까!

프리드리히 교수는 자신이 아주 무례하게 굴었다는 것을 정확히 알고 있었다.

05

다양한 신체 접촉

신체가 닿는다고 해서 다 똑같은 신체 접촉은 아니다. 그러므로 속담처럼 벼룩 잡겠다고 집까지 모두 태워선 안 된다. 신체가 닿았다고 해서 그것이 반드시 성희롱이나 성추행인 건 아니다. 다음의 사례에서도 아니었다.

슈바르츠는 대학에서 정신과학 분야를 전공했지만, 그쪽 분야에서 자리를 찾지 못해 결국 철강회사의 설계팀에서 일하게 되었다. 그사이 수년이 지났고 직장 생활은 편안했다. 다만 공장장이 문제였다. 공장장은 뭔가를 설명할 때마다 그녀의 팔을 잡았는데, 비록 그녀가 공장장보다 한참 나이가 많았더라도 그것이 성희롱처럼 느껴졌다.

그러나 밝혀진 바에 따르면 공장장은 원래 기술적 내용을 설명할 때면, 사물이든 사람이든 상관없이 주변에 있는 뭔가를 만지는 버릇이 있었다. 말하자면 그는 문제에 완전히 몰두하여 해결책을 고심하느라, 지금 손에 잡힌 것이 나사인지 팔뚝인지 전혀 인식하지 못했다. 그러나 공장장뿐 아니라 공장의 다른 남자 직원들의 신체 접촉도 슈바르츠는 성희롱처럼 느껴져 불편했다. 벌써 여러 해를 같이 일하며 잘 지냈음에도, 이런 신체 접촉에는 여전히 적응이 안 되었다. 한때 정신 과학자였던 그녀는 이런 노동 현장에서 얼마나 많은 정보가 신체적으로 전달되는지 전혀 몰랐다. 공장 남자들의 신체 접촉에는 성적인 의도가 전혀 없었다.

연구소에서 조교로 일하는 릭바흐의 경우는 완전히 달랐다. 릭바흐가 컴퓨터 앞에 앉아서 연구소 소장에게 물었다.

"말씀하신 책을 찾긴 했는데, 특별 서고에 있네요. 특별 서고에는 어떻게 접속하는 거죠?"

릭바흐는 사실 이런 질문을 최대한 피했었다. 이렇게 물을 때마다 소장은 매번 그녀의 뒤로 와서 한 손을 의자 등받이에 올리고 몸을 그녀에게 밀착시켰기 때문이다. 소장은 마치 모니터를 가까이서 보려고 그러는 것처럼 행동했다. 릭바흐는 그것이 매우 불편했고, 가능한 한 빨리 이 상황을 끝내려 애썼다.

"아, 이제 알겠어요. 제가 알아서 처리할게요!"

그러면 소장은 한참을 더 그녀의 팔을 만지다가 자기 자리로 돌아갔다.

이것은 확실히 성적인 의도가 다분한 진짜 성희롱이었다. 이것의 해결책은 사실 아주 간단하다. 소장이 이미 시작한 무브토크 차원에 머물면 된다. 천천히 그리고 단호하게 자리에서 일어서면 된다. 세미나에서 상황을 재현했을 때, 릭바흐가 이렇게 물리적으로 대처하자, 소장은 즉시 뒤로 물러섰다. 뭔가를 더 할 필요가 없다. 언어적으로 '설명'은 더더욱 필요 없다.

극단적인 거친 성추행 역시 직장에서 일어날 수 있다. 상대적으로 사례가 드물긴 하지만, 실제로 여직원의 엉덩이를 만지거나 옆에 앉은 여직원의 허벅지에 손을 올리는 상사들이 있다. 이럴 때는 주저 없이 곧바로 따귀를 날려도 된다. 상사든 동료든 이런 행동에는 어떤 정당성도 없다. 성추행에 대한 이런 반응이 자신의 직업적 장래에 어떤 결과를 가져올 수 있을지를 길게 고민해선 안 된다. 어차피 성추행과 그에 대한 이런 반응 뒤에는 경력 전망이 좋을 수가 없다.

성추행을 자행한 동료나 상사가 따귀를 맞은 뒤에 곧바로 자신의 잘못을 깨닫고 그 자리에서 사과하는 경우는 더 드물다. 애석하게도 이런 사람들은 '상사로서 못할 게 없다'는 잘못된 인식을 가진 철부지들이다. 그들은 따귀라는 무브토크 반응을 충격적인 모욕으로 느낀다. 특히 여러 사람이 보는 앞이면 모욕

감은 더욱 크다. 그래서 따귀를 날리는 순간, 직장 생활이 끝날 수 있다. 그렇다, 부당하다! 그러나 현실이 그렇다.

어쩌면 내가 잘못 판단했을 수도 있지만, 세대 차이가 있는 것 같다. 나이가 많은 세대의 경우, 성추행에 따귀를 날리는 것은 완전히 합법적이고 가능한 반응에 속한다. 누구든 선을 넘으면 용납하지 않는다! 그러나 젊은 세대의 경우 이런 신체 접촉을 어떻게 해석해야 할지 몰라 혼란스러워하는 것 같다. 그것은 인터넷에서 흔히 만나는 수많은 성적인 장면들과 관련이 있는 것 같다. 나이 많은 여성에게는 절대 당연하지 않지만, 젊은 여성에게는 인터넷을 통해 자주 접한 익숙한 장면이라, 비록 개인적으로 거부감을 느끼더라도, 불쾌한 신체 접촉을 허용할 만한 평범한 행위로 여길 수 있다. 남성이 여성에게 하는 거친 신체 접촉을 성추행이 아니라 권력 과시라고 생각하는 것은 사고 오류다.

06

분위기 망치는 여자

(따귀만큼 신랄한) 무브토크 차원의 반응은 자신의 몸을 직접 쓰는 것이므로, 매우 강력하고 매우 인상적이다. 그러나 이것은 최종 단계의 반응이다. 그러므로 과도하게 무조건 무브토크로 대응해선 안 된다. 예를 들어 공격자가 그저 언어 차원에 머문다면, 베이직토크 차원의 반응이면 충분하다. 그런데 '베이직토크'란 무엇일까? 간단한 한마디가 벌써 효과를 낼 수 있다. 여기서도 '단순한 반응일수록 효과가 더 높다'는 기본 규칙이 적용된다. 좁은 공간을 네 명이 나눠 쓰는 작은 사무실에서 생긴 사례를 보자. 남자 셋에 여자 한 명인 상황이다.

책상 두 개를 맞붙이고 각각 두 명씩 마주 보고 앉았다. 배송팀장과 여자 직원이 마주 보고 앉았고, 나머지 두 남자 직원은 각각 그녀와 팀장의 옆자리에 앉았다. 한마디로 아주 협소한 업무 공간이라 물리적 거리를 두는 것 자체가 거의 불가능하다. 매일 혹은 하루에도 여러 번씩 팀장이 성적인 의도가 다분한 장난을 홍일점 여직원에게 하면, 이런 비좁은 앙상블에서는 더욱 괴로울 수밖에 없다.

최근에 다음과 같은 일이 또 벌어졌다. 모두가 컴퓨터 앞에 앉아 각자의 일을 처리하고 있을 때, 팀장이 인터넷 검색을 하다가 갑자기 흥미로운 기사가 있다며 큰 소리로 내용을 설명했다.

"독일 여성의 90퍼센트가 섹스 때 오르가슴을 가짜로 연기한대……."

다른 두 남자 직원이 적극적으로 동참하며 관련된 내용을 보탰다. 여직원은 완전히 쓸데없는 얘기라고 생각했고, 그래서 못 들은 척 귀를 닫고 자기 일에만 열중했다.

이 장면을 세미나에서 재현했을 때, 몇몇 참가자들이 "직접적인 풍자로 즉시 반응해야 한다"고 제안했다. 예를 들어 "팀장님 부인도 그렇단 말이네요." 혹은 "10퍼센트는 그나마도 못했다는 얘기네요." 그러나 이런 상황에서 풍자는 양날의 검이다. 이런 식의 풍자는 이런 내용의 대화를 허용하고 확장할 위험이 있다. 차라리 재미 자체를 망치는 편이 더 낫다. 들은 내용 중에서 한두 가지 개념만 골라, 재미가 반감되어 완전히 사라질 때까지 천천히 큰 소리로 계속 반복하는 것이 가장 효과적이다. 우리의 사례에서는 '90퍼센트'를 선택했다.

스파링파트너가 자리에 앉아 도발적 발언을 시작했고, 흡족해하며 싱긋이 웃었다.

"독일 여성의 90퍼센트가…."

여직원은 컴퓨터에서 눈을 떼지 않은 채 계속 뭔가를 입력하며, 무표정으로 아주 느리게 큰 소리로 혼잣말을 했다.

"90 (정적) 퍼센트".

팀장이 대꾸했다.

"맞아! 대단하지, 안 그래?"

여직원이 똑같이 느리게 똑같은 톤으로 '90 (정적) 퍼센트'를 반복했다. 팀장이 뭔가를 덧붙였지만 이미 재미가 뚝 떨어졌다. 여직원이 계속해서 키보드를 치면서 똑같이 모노톤으로 크게 다시 같은 말을 반복했다. 팀장은 더는 아무 말도 하지 않았다. 왜 아무 말도 하지 않느냐고 묻자, "어쩐지 재미가 없어요. 지루해졌어요!"라고 대답했다.

보라, 동지들이여. 계획대로 되었다!

영혼의 보호 장비

역할 활용법

01

아가멤논 살해

미케네의 클리템네스트라는 고등학교 연극에 단골로 등장하는 인물이다. 클리템네스트라의 남편이자 미케네의 왕 아가멤논이 트로이전쟁에서 돌아오고, 남편이 전쟁에 나가 있는 동안 다른 남자와 바람을 피운 아내는 남편에게 발각된다. 그리스 비극에서 이런 사건은 피로 끝난다. 아내 클리템네스트라는 남편 아가멤논에게 그물을 씌워 꼼짝 못 하게 만든 뒤 단도로 찌른다. 끔찍한 장면이다. 당연히 아가멤논은 죽지 않으려고 몸부림치지만, 그럼에도 클리템네스트라는 남편을 찌른다.

충격적인 비극이다. 그럼에도 무대에서 무대 의상을 입고 소품(그물, 단도)을 가지고 연극을 했던 학생들은 분명 다음 날 아무렇지 않게 수학 문제를 풀 것이다. 전날의 끔찍했던 사건은 깨끗이 사라진다. 이 살해 사건을 개인적으로 겪은 끔찍한 경험으로 받아들이는 학생은 아무도 없다. 왜 그럴까? 비록 무대 위에서 수많은 행위와 사건이 벌어졌지만, 그것은 그저 연극이었고, 아무리 끔찍하고 강렬했더라도 그저 연기에 불과하기 때문이다.

직장 내 갈등과 사건도 이와 비슷하게 거리를 두고 볼 수 있으면, 부담을 크게 줄일 수 있다. 갈등은 그저 직장이라는 무대에서 일어난 연극에 불과하다. 다음 날에는 새로운 게임, 새로운 행운이 기다린다. 그러나 오늘날 이상하게도 많은 사람이 직장에서의 역할을 버거워한다. 직장 생활 자체를 벌써 자유의 반대로 이해하는 직장인들이 많다.

그들은 직장 생활이 자아실현을 방해한다고 생각한다. 빛나는 자아가 소망했던 그대로 마침내 자신을 맘껏 펼칠 수 있으려면 직장에서의 역할을 버리고, 할 수만 있다면 모든 역할에서 벗어나야 할까? 그래야 진정한 자아실현이 가능할까? 고립된 섬에 혼자 산다면, 어쩌면 이 모든 것이 맞을 것이다. 그러면 역할은 필요 없고, 자기 자신과 눈부신 대화를 나눌 수 있으며, 아무도 끼어들지 않고, 아무도 규정을 만들지 않으므로, 자아는 자유분방한 축제를 즐길 수 있다.

그러나 이런 상상을 확장할수록, 점점 더 불편해진다. 그런 섬에서 그렇게 혼자 살기를 정말로 진지하게 원하는 사람은 없을 터이다. 로빈슨 크루소에게는 다른 한 사람의 도착이 그의 고립된 일상에서 가장 큰 사건이었다. 그러나 다른 한 사람이 그곳에 도착하자마자, 로빈슨 크루소는 역할 문제를 겪는다.

역할은 인간이 다른 인간과 함께 살아야만 하고, 혹은 함께 살고자 한다는 사실과 단단히 연결되어 있다. 한 명 이상이 게임에 참가하는 순간, 서로 다른 역할이 생겨난다. 그러므로 문제는 역할 자체가 아니라, 그것을 힘들게 견뎌야 하느냐 아니면 주체적으로 임하느냐, 그리고 그것이 콘크리트처럼 변형이 불가하냐 아니면 언제든지 바꿀 수 있느냐에 달렸다.

이런 맥락에서 진정성에 대한 큰 오해가 생긴다. 나는 여성 의뢰인으로부터 다음과 같은 질문을 자주 받는다.

"다른 여자들에게는 절대 하지 않을 방식으로 남자들을 대한다면, 그것이 과연 진정성 있는 태도일까요?"

이때 '진정성'은 '정직'과 동일시되고, 이런 질문은 의도한 그대로 아주 근본적인 질문이 된다. 이와 같은 질문의 진의는 명확하다.

"척해서는 안 됩니다. 진실하고 정직해야 합니다. 사람이 진정성이 있어야죠!"

누군가 외국어를 말한다면, 그것은 진정성이 있다고 인정할 만큼 매력적으로 보이고, 일반적으로 그것을 문제라고 여기지 않는다. 독일인이 프랑스어로 말하면 진정성이 없는 것인가? 스페인 사람이 독일어로 말하면 독일 사람인 척하는 것인가? 이것은 언어 전환이다. 다른 언어를 쓴다고 해서 인격이 바뀌지는 않는다. 그것은 사기가 아니라 언어적 도구를 제한적으로 사용하는 것이다. 외국어로도 충분히 진정성 있게 표현할 수 있다. 필요에 따라 수평적 언어를 수직적 언어로 전환하더라도 여전히 자기 자신으로 존재할 수 있고, 언어를 전환했다고 해서 사기꾼이 되지는 않는다.

02

역할이 당신을 보호한다

오스트리아의 철학자 로베르트 팔러Robert Pfaller가 지적한 것처럼, 오늘날 우리는 역할을 소홀히 함으로써 중대한 것을 잃는다.

"대략 르네상스 이후부터, 도시 사람들은 대문을 나서는 순간 집에서와는 다르게 입고 다르게 말했다. 자신이 맡은 역할을 했고, 사적인 자아와 상황을 겉으로 드러내지 않았다. 그러나 오늘날은 다르다. 이제 모두가 사적인 상황을 겉으로 드러내고, 그것에서 해방감을 느낀다. 그러나 옛날에 역할 가면을 쓰고 맞닥뜨렸던 일들을 이제 모두가 갑자기 자신의 진짜 피부로 느낀다."

척하지 않고 진정성 있는 게 역시 좋은 거 아니냐고, 기자가 반박하자 로베르트 팔러는 이렇게 대답했다.

"공적인 생활에서 맡은 배역에 맞게 연기하기는 쉽지 않습니다. 하지만 오늘날에도 그런 연기는 필요합니다. 공적인 역할이 우리에게 말합니다. '당신의 사적인 상황을 드러내지 말라' 이런 요구는 '진정성 있게, 싫으면 싫다고 말하라'는 요구보다 훨씬 따르기 쉽습니다. 진정성을 지키라는 요구는 '너 자신으로 살라'는 이념으로 우리의 삶을 오히려 망칩니다."

로베르트 팔러의 말이 완전히 옳다. 진정성 있게 살라는 요구를 언제나 신중하게 다뤄야 한다. 그러면 에너지를 많이 아낄 수 있다. 때때로 이런 요구는 새로운 행동을 단행하지 않기 위해 꺼내 드는 변명에 불과하다. 예를 들어, 걸핏하면 직원들에게 고함을 치는 팀장이 있었다. 그는 자신의 행동이 직원들의 사기를 꺾는다는 사실을 뒤늦게 깨달았다. 내가 그의 이런 행동을 고쳐야 한다고 지적했을 때, 그는 완전히 전형적인 대답을 내놓았다.

"그러면 이제 직원들한테 아부를 떨라는 말입니까? 그건 진정성이 없어요."

자기가 원하는 데서만 솔직한 것이 진정성일까? 이렇게 근본적으로 따지고 들면, 진정성은 결국 막다른 골목에 다다르는 자기 조작에 불과하다. 진정성을 이런 식으로 이해한다면, 모두가 자신의 작은 우주에 갇혀 사는 것처럼 각자 주관적으로 정직하다. 그러면 아무도 행동을 바꾸지 않고, 새로운 도전을 받아들이지 않으며, 다른 언어의 수용은 두말할 것도 없이 다른 역할도 수용하지 않는다. 결국, 자신만의 고유한 레퍼토리만 확장될 것이다.

'사람을 위해 안식일이 있는 것이지, 안식일을 위해 사람이 있는 것이 아니다.'

이것은 초기 그리스도교의 위대한 발견 중 하나다. 예수는 이 말 때문에 많은 비판을 받았다. 그러나 이 말은 리더를 위한 규칙으로도 안성맞춤인 것 같다. 직업적 역할과 연결하면 다음을 뜻하기 때문이다.

'당신의 인격을 위해 직업적 역할이 있는 것이지, 직업적 역할을 위해 당신의 인격이 있는 게 아니다.'

그러므로 직업적 역할은 심지어 당신의 인격을 보호할 수 있다! 고용계약서에 당신의 역할이 명시되었으므로, 당신은 그 외의 다른 일까지 책임지지 않아도 된다. 당신은 맡은 역할에만 충실하면 된다.

이것은 악명 높은 관료주의적 '규정대로 하기'가 아니다. 공사만 구별해도, 직업적으로 합당한 역할을 생산적이고 전문적으로 수행하게 된다. 그리고 이것이 조작 시도를 막는 첫 번째 보호막이 된다. 게다가 명시된 역할을 넘어 모든 것에 책임감을 느낀다고 해서 모든 것을 실제로 할 수 있는 것도 아니다. 오히려 그 반대일 확률이 훨씬 높다. 이런 자세를 가진 리더라면, 어차피 금세 리더 자리에서 내려오게 된다.

직장에서 맡은 배역에 맞게 충실히 연기해야 한다. 척하라는 요구가 아니라 전문가답게 의무를 다하는 동시에 책임 한계를 잘 지키라는 요구다. 당연히 직업적 역할과 인격은 하나로 일치되지 않는다. 인격은 직장이라는 무대에서 연기하고 그 대가로 돈을 받는 것보다 훨씬 더 포괄적이고, 훨씬 더 매력적이며, 훨씬 더 깊고 넓다. 그렇기 때문에 현재 무대의 현재 배역이 만족스럽지 않을 때 다른 무대로 옮길 수 있는 것이다. 자신의 인격이 현재의 직업적 역할보다 훨씬 풍성함을 더 많이 알수록, 무대를 바꾸기가 더 쉽게 느껴진다.

사생활에서도 계속해서 직업적 역할을 위한 무대 의상을 입은 채 아침에 눈 떠서 밤에 잠잘 때까지 오로지 직업적 존재로만 산다면, 그것은 노예의 삶이나 마찬가지고 전체주의적 틀에 갇힌 것이다. 사적인 관계에 있는 주변 사람은 당연히 당신의 그런 삶을 견디지 못한다. 그리고 노예의 삶을 사는 당신은(리더인 경우라면 더욱) 금세 탈진 증후군에 빠지게 된다. 이런 직장 생활을 순진하게도 완벽한 근무와 유연성의 승리로 윤색하고, 그런 생활이 어쩐지 힙하고 진보적인 것처럼 포장하는 것은, 자살 행위와 같은 이런 상황에서 아무것도 바꾸지 못한다.

이런 맥락에서 보면, 직업적 역할은 심지어 과부하를 막는 치유 요소이다. 파트타임 직원은 직장의 모든 일을 책임질 수 없다. 경리는 사장이 아니므로 회사의 미래 전략에 대해 계속 고민하지 않아도 된다. 학교 교장은 설령 스스로 생각하기에 청소 기술이 뛰어나더라도 직접 교실 바닥을 닦을 필요가 없다.

고용 계약서에 명시된 업무가 아니라면, 누군가의 다른 일 때문에 골치 아파할 필요 없다! 그러므로 무엇이 자신의 역할이고, 무엇이 아닌지 알아야 하고, 자신의 역할을 최대한 전문적으로 수행할 줄 알아야 한다. 만약 당신이 리더라면, 리더로서의 역할이 진정성 있는 삶을 해친다고 오해하여, 당신의 직업적 역할을 무시하거나 거부해서는 절대 안 된다. 해결책은 오로지 리더 역할을 진정성 있게 수행하는 것뿐이다.

03

가면에 난 구멍, 페르소나

고대 그리스의 연극을 상기하는 것은 직업적 역할을 제대로 이해하는 데 매우 유용하다. 고대 그리스의 연극에서는 남녀 역할 모두를 남자 배우가 연기했다. 그래서 배우는 가면을 썼다. 그리고 당시에는 마이크가 없었으므로, 배우의 목소리가 관객에게 전달되도록 가면에 구멍을 내야 했다. 이 구멍은 나중에 연극 전문 용어로 '페르소나Per-sona'라고 불렸는데, 라틴어로 '소리가 나가는 구멍'이라는 뜻이다. 그 후 '페르소나'는 가면에 난 구멍뿐 아니라 가면 전체를 지칭하는 용어로 쓰였다. 그리고 이 단어에서 오늘날 우리가 사용하는 '인격Person' 또는 '인격성 Personlichkeit'이라는 단어가 유래했다. 이런 어원은 아주 타당해 보인다. 배우는 자신의 얼굴을 그대로 노출해선 안 된다. 그러면 자아가 언제나 공개되어 쉽게 다칠 수 있다. 배우는 배역에 따라 가면을 바꿔 쓰고, 막이 내리면 벗음으로써 자아를 보호한다. 집에서까지 가면을 쓴 채 직업적 역할을 계속 연기하는 배우는 분명 고대에도 이미 미친 사람 취급을 받았을 터이다.

카를 융Carl Jungs의 심층심리학은 '인격'이라는 개념을 '한 인간이 집단 안에서 적합하게 행동할 수 있게 해주는 자아의 일부분'으로 설명한다. 융에 따르면 인격이라는 '가면'은 한편으로 어떤 집단에 적응해서 살 수 있게 해준다. 이런 가면이 없으면 인간은 항상 전쟁 상태로 살 수밖에 없다. 또한 융은 겉으로 명확히 드러난 인격 혹은 가면에 가려 자아가 무시될 위험 역시 정확히 알았다. 그렇다고 해서 '가면'의 기능적 역할이 주는 보호를 완전히 포기해야 한다고 여기지 않았다. 우선 '공적인' 가면은 언제나 벌거벗겨진 채로 자신을 드러내지 않도록 보호막처럼 내면의 자아를 보호한다.

수평적 세계에서는 직장 내 갈등을 매우 빈번하게 개인적인 일로 느낀다. 반면 수직적 세계에서는 직업적 마찰이 역할의 표면에만 머물 뿐 더 깊이 파고들지 않는다(더 깊이 들어가려는 의도 또한 없다). 남녀의 갈등 상황에서 여성이 침착하게 자신의 직업적 서열과 책임 범위를 명확히 밝히면, 많은 경우 놀랍도록 빠르게 갈등이 해소된다.

여자들은 갈등 상황에서 상대로부터 직업적 서열과 책임 범위를 들으면, 종종 당혹스러워하거나 기이하게 여긴다. 그러나 남자들은 그것을 아주 당연하게 여긴다. '내 이름은 슈미트이고 팀장을 맡고 있습니다'라고 하는 것과, 그냥 간단히 '슈미트라고 합니다'라고 하는 것은 완전히 다르다! 사생활까지 포괄하는 (절대 효율적이지 않은) 업무 환경에서는 언제나 직장이라는 무대에서 연기 중이라는 사실을 잊으면 안 된다.

| 직업적 무대 |

조명을 받는다
= 숨을 수 없다

무대 의상 벗기/
배역에서 나오기

무대 의상 입기

직업적 무대

사적인 역할　　직업적 역할 = 페르소나(가면)　　사적인 역할

04

조명이 켜지면

아침 6시에 눈을 뜨면 나는 아직 '사적인 나'다. 나는 여전히 잠옷 차림으로 필요 이상으로 오래 웅크리고 앉아 여유롭게 모닝커피를 마시고, 신문을 읽고, 어쩌면 여느 때보다 일찍 밖으로 나가 조깅을 할 수도 있다. 혹은 명상을 하거나 시를 쓸 수도 있다. 어쨌든 나는 아직 직업적 무대에 오르지 않았다. 그러나 언젠가는 출근을 위해 문을 나서고, 이 시점부터 나는 직업적 무대에 있다. 이 순간부터 나는 조명 아래에 서고, 사람들이 나를 본다(어쩌면 심지어 자세히 관찰한다).

그리고 나는 조명 속에서 긴장되거나 지루한 장면들을 경험한다. 모든 것은 나의 배역 안에서 일어난다. (특히 리더라면) 무

대에서 나를 보여주는 것 말고는 다른 대안이 없음을 인식해야
한다.

은둔자라면 그러지 않아도 된다. 그러나 직업적 무대에 올라
조명 아래에 선 사람이 은둔자처럼 행동하면 안 된다! 시간이
흘러 언젠가는 연극이 끝나고 막이 내려오면, 나는 무대를 내려
와 다시 사적인 나로 돌아간다. 공적인 나에서 사적인 나로 역
할이 바뀔 때, 그 사이에 중간 공간이 있으면 좋다. 지하철이나
자전거로 출퇴근하는 사람은 이런 공간이 저절로 확보된다. 그
렇지 않은 사람들은 먼저 그런 중간 공간을 직접 마련해야 한
다. 이런 중간 공간을 통과한 뒤에 집에서 우리는 열정적인 배
우자, 인내심 강한 정원사, 시인, 아마추어 화가, 엄격한 반려견
산책자, 일본 요리 애호가, 자상한 어머니 등등일 수 있다. 다음
날 다시 무대에 올라 새로운 연극을 하고 생활비를 번다.

이런 역할 전환에 익숙한 여성 직장인들은 직장에서 입는 옷
과 사생활에서 입는 옷을 엄격하게 구분한다. 그들은 무대에서
무대 의상이 필요하다는 것을 잘 안다. 그리고 의상 구분은 완
전히 옳은 일이다. 아침에 무대 의상을 입으면 더 쉽게 배역에
몰입할 수 있고, 저녁에는 무대 의상을 벗으면서 훨씬 여유로운
마음으로 직업적 역할을 내려놓을 수 있다. 그래서 경찰, 군인,
의사, 혹은 작업복을 입는 기술자처럼 전통적으로 제복이 있는
직종은 유리하다.

이런 명확한 제복이 없는 경우라면, 스스로 무대 의상을 고안해내야 한다. 무대 의상을 벗으면서 낮에 겪은 수많은 갈등도 함께 옷장에 넣어둘 수 있으므로, 보호 차원에서도 무대 의상이 있는 편이 낫다. 재택근무자, 혹은 혼자 일하는 사람은 이런 맥락에서 일단 불리하다. 그들은 연극의 시작과 끝을 명확히 하는 이런 의식을 마련하기가 훨씬 어렵다. 그렇다고 그들이 연극의 시작과 끝을 제대로 구분하지 못한다는 뜻은 아니다. 다만 이런 기술에 익숙하지 않은 사람은 직장에서의 업무를 내려놓고 잠자리에 들기가 훨씬 어렵다.

모든 리더의 뒤에서 예상대로 그리고 불가피하게 벌어지는 일들도 이런 효율적인 역할전환의식으로 제어할 수 있다. 리더들은 직업적 무대 위에서 두드러진다. 그래서 관객들은 조명을 받는 이런 배우들에 대해 (좋지만은 않은) 사적인 연상을 끊임없이 한다. 이것은 불가피한 일이고, 그럴 수밖에 없음을 받아들여야 한다. 그러므로 여성 리더가 자신의 역할을 온전히 인식하고 기계실이나 강당을 가로질러 갈 때, 남녀 직원들이 그녀의 발걸음마다 그녀의 등에 자기들의 자전적 영화를 투사한다는 사실에 놀라선 안 된다.

'오만한 여자야.'

'나의 장모도 꼭 저런 사람이지.'

'옛날 수학 선생도 저 여자처럼 아주 재수 없었어.'

'내 형도 언제나 저 여자랑 똑같이 내게 못되게 굴었지.'

당연히 이것은 여성 리더의 잘못이 아니다. 하지만 이런 일이 뒤에서 벌어지고 있다는 것을 받아들여야 한다. 그것 역시 연극의 일부이고 바로 그것 때문에 다른 사람보다 돈을 더 많이 받는다. 말하자면 자신의 등을 영사막으로 빌려주고 그 수당을 받는 셈이다. 이런 투사는 직원들에게도 좋다. 그러므로 여성 리더는 그저 이런 투사를 사적인 일로 받아들이지만 않으면 된다. 무대 의상을 벗어 옷장에 넣으면, 투사된 영화도 함께 옷장 안에 머문다.

05
—

바지정장을 벗어 던지자

독일 대표 주간지가 묘사한, 거대 연구기관의 여성 리더는 애석하게도 아주 전형적인 모습이었다. '등산복 바지, 짧은 머리, 체크무늬 남방.' 그녀는 '모닥불을 피울 줄 알고, 독버섯을 식별할 수 있으며, 폭우가 쏟아질 때 재빨리 비상 대피소를 만들 줄 아는 걸스카우트 대원'처럼 보인다. 유치원 보육 교사나 공장 경리를 소개하는 내용이라면 그럭저럭 괜찮을 것 같다. 하지만 지금 소개되는 사람은 한 조직의 대표다. 그러므로 이 여성 리더는 조직의 입장을 외부에 대표하고, 조직 내의 여러 오만한 남자들처럼 당당하게 자신의 서열을 명확히 밝혀야 한다. 그런 맥락에서 보면, 이런 복장은 역할에 안 맞다. 안타깝게도 이처럼 공식적 역할과 외모 연출을 일치시키지 못하는 순진함이 너무 자주 발생한다.

그녀는 수평적 세계의 특징이 몸에 배었다는 점에서도 전형적이다. 수평적 세계에서는 시각적으로 돋보이는 사람을 높이 평가하지 않는다. 리더십을 적극적으로 드러내는 사람도 마찬가지다. 데보라 태넌에 따르면, 수평적 환경에서는 조직의 분위기를 부드럽게 만들고 평등의 신호로 소통을 원활하게 하는 사람을 높이 평가한다. 수평적 세계는 튀는 사람을 절대 좋게 보지 않는다. 이런 반응이 종종 '여자들의 질투'로 이해되지만, 사실은 수평적 소통에서 나타나는 전형적인 거부 반사일 뿐이다.

'너는 우리 중 하나여야 해. 그리고 네가 우리 모두를 필요로 하지 않는다는 기분을 우리에게 줘선 안 돼!'

수평적 세계의 이런 암묵적 규칙을 비판적으로 보지 않으면, 상대방의 입장을 배려하지 않는 수직적 지시에 조작당한다. 높은 집단 압력이 조작 함정을 만들고, 바로 그것 때문에 남자들과의 갈등 상황에서 여자들은 힘을 잃는다.

여성 의뢰인들은 종종 다소 아쉬워하며, 직업적 역할을 위해 바지정장만 입거나 심지어 남자처럼 입어야 하냐고 내게 묻는다. 확언컨대 절대 아니다! 한 대기업의 세미나에 독일 전역의 여성 임원들이 참가했다. 그들은 서로 모르는 사이였는데도 모두가 약속이라도 한 것처럼 똑같이 검정, 혹은 짙은 회색 바지

정장을 입고 있었다. 처음 이 장면을 목격했을 때 나는 거의 소름이 돋았다. 마치 기괴한 사이비종교 모임처럼 보였고, 여성 임원들은 공상과학영화에 나오는 복제 인간 같았다.

이런 장면은 오해에서 비롯되었다. 아무도 자신의 성별을 감출 필요 없고, 당연히 여성 임원 역시 그렇다. 실제로 여성 임원들이 샛노란 의상이나 기이한 무늬가 그려진 재킷을 입지 않는 것은, 내면화된 복장 규정이 있어서가 아니라, 남자처럼 입어야 한다는 오해 때문이다. 물론 복장은 직종에 달렸다. 그러나 여성 임원들이 선호하는 무난하고 단순한 색상, 무늬, 디자인은 '쓸데없이 튀고 싶지 않다'는 신호이다.

왜 이런 가치관을 갖게 되었을까? 자신을 드러내지 않는다면 도대체 어떻게 리더로 인식될 수 있단 말인가? 여주인공이 무대에 서기를 꺼려하며 커튼 뒤에 숨어 있으려 한다면, 관객은 어떤 인상을 받을까? 물론 여주인공은 커튼 뒤에서 보이지 않게 조용히 능력을 발휘할 수 있다고 주장하고 싶을 터이다. 하지만 관객(동료와 직원)은 친구가 아니라 관객이다! 여주인공이 무대에 나오지 않으면 관객은 속은 기분이 들 것이다. 언젠가는 그런 조용한 겸손함을 지루해하며 더는 여주인공에게 주의를 기울이지 않고 그녀의 역량도 믿지 않을 것이다.

06

공사 현장의 보스답게!

배역에 맞는 의상을 입고 무대에 오르면, 편안한 코르셋을 착용한 것처럼 자기 역할을 잘 수행할 수 있다. 의상을 갖춰 입고 거울을 보며 자신이 맡은 역할이 무엇인지 떠올리면 더 좋다.

'무대 의상을 입은 거울 속의 너는 분명 나이긴 하지만, 아침을 먹으며 신문을 읽던 나는 아니야. 지금은 구매부 부장, 혹은 연구소 소장이다.'

이런 구체적인 효과 때문에 프로 리더들은 종종 사무실 옷걸이 옆에 전신 거울을 둔다. 외모를 수시로 점검하기 위해서가 아니라, 자신의 역할을 매일 상기하기 위해서다.

직업적 역할을 늘 인식함으로써 직장 생활에서 자아가 다치지 않게 보호할 수 있다. 역할 인식은 탁월한 보호 메커니즘이다. 수평적 세계는 수직적 세계보다 역할 인식에 가치를 덜 둔다. 어쩌면 그래서 여자들이 갈등 상황을 종종 더 빨리 개인적인 일로 느끼고, 갈등을 더 오래 유지하는 것 같다. 그들은 대개 역할을 의식하지 않은 채 주로 업무 내용에만 집중하는데, 이것은 무방비 상태로 전투에 나서는 것과 같다. 남자들은 직장 내 갈등에 대해 주로 '개인적인 일이 전혀 아니었어요'라고 말한다. 왜 그럴까? 갈등은 '오로지' 직업적 역할 안에서만 일어났기 때문이다. 직장 내 남녀 갈등에서는 역할 인식의 여부가 대단히 중요하다. 직장 무대에 오르기 전에 반드시 자신의 직업적 역할을 먼저 인식해야 한다. 공사 현장에서 소장으로 일하는 슈바이처의 사례가 그것을 잘 보여준다.

현장 관리자인 슈바이처는 자신의 말을 귓등으로 듣는 기술자들과 늘 갈등을 겪었다. 최근 사례는 목수와의 갈등이었는데, 슈바이처는 목수의 작업 결과에 불만이 많았다. 어떤 곳은 접합이 잘못되어 벌어졌고, 어떤 곳은 사포질이 덜 되었다. 소장으로서 그녀가 이런 문제들을 지적하려고 하면, 목수는 다른 기술자들이 보는 앞에서 그녀를 당혹스럽게 했다. 그녀가 대화를 시도하는 동안, 목수는 공구들과 자재들을 이리저리 뒤적이며 일하는 척하다가 이렇게 말했다.

"그 정도면 그냥 넘어가도 되는 수준이에요. 그동안 늘 그렇게 일했어요."

슈바이처는 점점 더 화가 났고 목수는 점점 더 느긋해졌으며, 결국 그녀는 신경질적으로 그 자리를 떴다.

세미나에서 스파링파트너와 상황을 재현했을 때, 슈바이처의 근본적인 실수가 바로 드러났다. 목수와 사적으로 아는 사이가 아닌데도, 그녀는 친절하게 웃으며 자기 이름을 먼저 말했고, 뭔가를 요구하는 것이 아니라 설명하려는 자세를 취했다. 몇 번의 시도 끝에 마침내 스파링파트너를 대하는 효과적인 방법을 찾았다.

그녀는 천천히 공사 현장에 들어서서 문제가 있는 부분을 점검하듯 손으로 쓸어내렸다. 그 다음 옆에 선 목수에게 큰 소리로 물었다.

"당신, 당신은 누구죠?"

이때 그녀는 목수를 쳐다보지 않았다. 이것이 벌써 역할을 드러내는 신호이다. 당신이 나만큼 중요한 역할을 하는 사람이라면 당신을 보면서 말했을 테지만, 당신은 그런 사람이 아니다. 목수는 즉시 모두가 들을 수 있게 자신을 소개했다. 슈바이처는 그제야 크고 명료하게 자기소개를 했다.

"나는 현장을 관리하는 소장입니다(자신의 역할을 밝힌 것이다). 이름은 슈바이처고요."

목수는 이제 일하는 척을 그만두었고, 소장이 말을 이었다.

"작업반장은 어디 있죠?"(다시 역할 메시지다. '나는 사실 나와 급이 맞는 사람하고만 얘기한다')

목수는 작업반장의 부재를 장황하게 변명하며 사과했다. 소장은 목재의 접합부를 점검하듯이 다시 한 번 손으로 쓸어내린 후 천천히 고개를 저으며 아주 단호하게 말했다.

"이래선 안 돼요. 이대로는 안 되겠어요."(소장의 적합한 역할은 조심스러운 질문이 아니라 이런 짧은 지적이다!)

목수가 저항을 시도하자('그 정도면 그냥 넘어가도 되는 수준이에요'), 그녀는 즉시 목수의 말을 끊었다.

"아니, 아니에요. 그렇게는 안 돼요. 내 공사 현장에서는 이보다 더 나아야 해요."

목수는 이제 손해를 최소화하기 위해 애썼다. 저항의 흔적은 없다.

스파링파트너에게 왜 다르게 행동했냐고 묻자, 대답했다.

"누가 보스인지 방금 드러났잖아요. 보스의 말을 들어야죠."

나는 그에게 슈바이처를 어떻게 생각하느냐고 다시 물었고, 그는 다시 짧게 대답했다.

"소장이죠!"

더 무슨 말이 필요하겠는가.

상대 진영으로 전환하기

성급한 결말 예방법

01

의식과 규칙을 존중하라

시작은 때때로 그냥 시작이 아니라, 애석하게도 벌써 끝이다. 새 부서, 혹은 새 직장에서 팀장으로서 새롭게 시작할 경우 수많은 함정을 만난다. 팀장이라면 이런 함정을 미리 예상하고 있어야 한다. 처음 몇 주 동안은 좋은 인상을 주기 위해서라도 무조건 잘 지내야 한다고 순진하게 생각하는 사람은, 기대와 달리 금세 실망하고 말 것이다. 기존 직원과 동료들에게는 새로운 팀장이 모르는 이전 역사가 있다. 그리고 어쩌면 그것은 새로운 팀장에게 달가운 역사가 아닐 수 있다.

새로운 근무지로 들어가기 전에 먼저 자신의 위치를 명확히 파악해야 한다. 어떤 직위는 권력 핵심에 가까이 있지만, 명령권이 없을 수 있다. 그러면 언제나 뒤에 있는 명령권자를 불러내야 한다. '대표님은 일주일 뒤에 그것이 완료되길 바랍니다.'라는 식으로. 고용된 전문경영인이라면 기본적으로 사주나 주주총회의 감독만 받으면 된다. 반면, 팀장이라면 종종 직속 상사와 다른 부서의 상사 사이에서 곤란한 샌드위치 입장일 수 있다. 여자 팀장이면 특히 남자 직원에게 자신의 권위를 세우기가 아주 힘들어질 수 있는데, 이런 상황에서는 '단지' 전문적인 업무 지식만으로는 충분하지 않기 때문이다.

그러므로 여자 팀장은 가능한 한 일찍 조직도를 파악하고, 자신의 위치와 역할을 정확히 정해야 한다. 조직도만으로 파악이 불분명하다면, 상사와 면담하여 명확히 해둬야 한다. 위계질서나 조직도에 얽매이지 않는 소위 '자유로운' 조직일 경우 특히 주의하라! 이런 환경은 지도력 부재와 중상모략의 온상이 될 수 있기 때문이다. 물론 직원이 세 명뿐이라면 조직도는 필요 없겠지만, 서른 명이면 반드시 있어야 한다!

어떤 지위로 새로운 조직이나 회사에 들어가든, 이미 오래전부터 그곳에서 일한 사람들에게 당신은 신입이다. 아무리 학력이 높고 이전 직장에서 대단한 실적을 올렸더라도, 당신이 신입이라는 단순한 사실은 바뀌지 않는다. 그러므로 기존의 장기근속 직원들을 존중하고, 설령 명령권이 있더라도 그들에게 곧바로 명령을 내려선 안 된다. 이런 장기근속 직원이나 연장자에 대한 존중은 비공식적으로 표현하는 것이 좋다. 예를 들어 탕비실, 회의 중 쉬는 시간, 혹은 비공식적인 자리에서 일대일로 대화하라. 대화가 길 필요는 없다. 그러나 대화 상대자가 오랜 근무 경험을 존중받아 흡족한 기분이 들어야 한다. 상대방이 저지른 과거의 실수를 관대하게 봐주라는 얘기가 아니다! 상대방의 삶에 약간만 주의를 기울이면 된다. 그다음부터는 모두가 정상적으로 자기 역할을 할 수 있다.

능력 있는 우수한 사람이 상대적으로 젊은 나이에 팀장이 되고(인사 담당자와의 사적인 친분 덕을 보는 경우도 드물지 않다), 오로지 자신의 빛나는 역량만 믿은 탓에, 첫 몇 주 동안 완전히 벽에 부딪히는 상황을 나는 여러 번 목격했다. 여기서 잊으면 안 되는 중요한 것이 있다. 바로 사람, 직원들이다! 그들을 잊으면 다친다.

재직 기간과 더불어 기존 관습도 존중해야 한다. 예를 들어 직원들이 이른바 '입사 인사'를 기대할 때, 설령 그것을 개인적으로 구시대적 풍습이라 여기더라도 그냥 무시해선 안 된다. 회사와 조직에 따라 휴식 시간이나 퇴근 후에 간단한 다과로, 어쩌면 샴페인 한잔으로 '입사 인사'를 가름할 수 있다. 모두가 모인 자리에서 짤막한 인사말을 하고, 이때 상사도 샴페인을 들고 잠시 들른다면 더욱 좋을 것이다. 말했듯이 당신 개인에게 그것이 쓸데없는 일로 보일 수 있겠지만, 인디언의 의식을 존중하지 않고는 누구도 인디언 마을에 정착할 수 없음을 명심하라. 이해하고 받아들일 필요는 없지만 적어도 존중해야 한다. 안 그러면 이곳에서의 생활이 평탄치 않을 것이다.

　다수를 차지하는 남자 직원들 앞에서 하는 입사 인사는 특히 여자 팀장에게 아주 좋은 기회일 수 있다. 성대한 '대관식'처럼 공식적으로 자신을 소개할 수 있기 때문이다. 좋은 상사는 신입의 공식적인 소개가 얼마나 중요한지 잘 안다. 만약 당신의 상사가 세심하지 못해서 혹은 악의적으로 일부러 공식 소개를 생략하면, 명확히 그것을 요구하라. 상사로부터 왕관을 받지 못한 사람은(단체 메일로 통보하는 무성의한 소개로는 부족하다!) 수직적 세계에서 권위를 인정받기까지 훨씬 오래 걸린다. 팀장처럼 고전적인 샌드위치 지위에 있는 사람은 특히 더 주의해야 한다. 상사가 남자 직원들 앞에서 새 팀장을 직접 소개하느냐 마느냐에 따라, 팀장의 권위가 처음부터 강화되거나 무시된다.

　첫 출근 때 상사의 지지를 받고 있음을 자연스럽게 드러내는 것이 가장 우아한 방법이다. 그러나 만약 상황이 여의치 않다면, 직원들과의 첫 회의 때 뒤늦게라도 공식적인 소개와 인사 절차를 밟아야 한다. 이런 공식적인 의식이 없으면 나중에 언제든지 정당성에 의문이 제기될 수 있다. 그것은 심하면 내전으로 번질 수 있다. 유치해 보이는가? 수평적 세계 사람들에게만 그렇게 보인다.

상사가 새 팀장을 직원들에게 공식적으로 소개하는 것은 당사자뿐 아니라 모든 임직원에 대한 예의이기도 하다. 그것은 앞으로의 업무 효율성에도 중요하다. 초기의 모호성, 오해 혹은 잘못된 권력 신호는 아주 오랫동안 직장 생활을 힘들게 할 수 있다.

상사에 의한 공식적인 소개는 같은 지위의 동료들에게 수용되는 것보다 더 중요하다. 게다가 남자 팀장들은 새 여자 팀장이 첫 회의 때 공동의 상사로부터 어떻게 소개되는지를 면밀하게 살피고 기억해 둔다. 소개를 아예 안 했는지, 혹은 무시하는 어투로 했는지. '보다시피 회사가 예쁜 꽃을 뽑았어요!' 아니면 정치적으로나 비즈니스적으로나 올바른 표현으로? '우리의 새로운 동료, ○○○ 씨를 소개합니다. ○○○ 씨, 다른 팀장들과 인사 나누시죠.' 만약 이런 소개가 생략되었다면, 다음 회의 때라도 상사에게 명확히 요구해야 한다. 절대 쓸데없는 일이 아니다!

02

버릇없는 실습생

한 대기업의 워크숍에서 우리는 차량 관리부의 여러 어려운 상
황을 다루었다. 언젠가부터 야보프스키라는 남자가 내 눈에 띄
었었는데, 그가 거의 모든 사례에서 문제의 중심에 있었다. 그
는 언제나 회의에 지각했고, 분위기를 망쳤고, 후줄근한 복장으
로 출근했으며, 일을 엉망으로 했다. 그는 차량 관리부에서 청일
점이었다. 여직원들에게 들은 얘기를 종합해 볼 때, 그는 지금의
지위에 불만이 많았고 곧 팀장으로 승진할 거라 기대하는 것
같았다. 그런데 놀랍게도 그는 현재 실업학교 2학년으로 이곳에
실습을 나온 상태였다! 마치 원래는 막대한 자산을 가진 재벌
2세인데 나쁜 놈들에게 납치되어 어쩔 수 없이 실습생이 된 것

처럼 굴었다.

그의 직속 상사가 누구냐고 묻자, 여자들이 일제히 서로를 쳐다보았다. 그런 역할을 맡은 사람이 없는 것 같았다. 실습 프로그램은 인사부 소관이었고, 인사부는 매년 실업학교 2학년생을 이 부서에 실습생으로 배정했다. 차량 관리부에는 실습생 선발권이 없었다. 인사부의 결정에 따라 누군가가 실습생으로 이 부서로 왔다. 야보프스키를 첫날 이 부서로 데려온 사람이 누구냐고 묻자, 아담한 체구의 여자가 손을 들었다. 그녀의 이름은 엘리츠이고 말이 아주 빨랐다. 그녀는 첫날에 실습생에게 전달한 내용을 빠르게 나열했다. 책상 위치, 동료들의 이름, 각각이 맡은 업무, 사무용품 보관 장소 등. 그러나 누가 실습생의 직속 상사인지는 전달되지 않았다.

나는 첫날의 대화 상황을 상세하게 들은 뒤, 야보프스키의 역할을 맡은 스파링파트너에게 실습생의 태도를 설명해 주었다. 그 이후 우리는 다음의 장면을 재현했다.

엘리츠와 야보프스키는 엘리츠의 책상에 마주 앉았다. 야보프스키는 의자에 눕듯이 앉았고 약간 심드렁해 보였다. 엘리츠는 의자 끝에 엉덩이만 겨우 걸치고 앉았고, 손에 펜을 들고 수첩에 뭔가를 적을 자세였다. 대화를 시작하기 전에 나는 먼저 야보프스키에게, 앞에 앉은 여자를 보니 무슨 생각이 드냐고 물었다.

"펜을 들고 저렇게 기다리고 있으니, 받아쓸 수 있게 뭐라도 불러줘야 할까요?"

지켜보던 여자들이 웅성거렸다. 재현을 계속했다. 엘리츠는 처음 출근한 실습생이 알아야 할 사항들을 설명했다. 야보프스키는 여전히 아무런 감흥 없이 심드렁하게 의자에 앉아 있었다. 설명을 마친 엘리츠가 벌떡 일어나며 물었다.

"커피 마실래요?"

야보프스키가 싱긋 웃으며 끄덕였다. 나는 즉시 물었다.

"방금 왜 그렇게 웃었죠?"

"그야, 친절하잖아요!"

지금 실습생 역할이라는 걸 알고 있냐고 묻자, 그는 갑자기 생각난 듯 깜짝 놀라며 대답했다.

"아, 맞네요! 완전히 까먹고 있었어요."

진짜 야보프스키도 지금까지 그걸 잊고 있었다. 그러나 아무도 그에게 그 사실을 상기시키지 않았다! 엘리츠는 야보프스키의 기분이 '어쩐지 언짢아 보였고' 그래서 커피로 분위기를 좋게 하고자 했었다. 그러나 야보프스키는 바로 그 커피를 계기로, 앞에 앉은 여자가 자기보다 한참 아래에 있음을 확신하게 되었다. 야보프스키는 커피 권유를 굴종으로 이해했다. 그렇게 그는 실습생이라는 자신의 공식 지위를 깨끗이 잊었다. 뻔뻔하고 불성실한 실습생과의 온갖 갈등은 그렇게 시작되었다.

내가 엘리츠에게 이런 사태에 관해 얘기했을 때, 그녀는 몹시 당혹스러워했다. 수직적 세계에서 온 실습생이 출근 첫날에 자신의 위치를 파악하는 데 가장 도움이 되는 것은 서열 메시지였을 터이다. 그러나 실습생 관점에서 완전히 부차적인 내용만 전달되었고, 그것이 그를 점점 더 불만스럽게 했고 잠재된 공격성을 자극했다.

이 장면을 수정해서 재현할 때, 엘리츠가 마침내 해결책을 찾았다. 실습생이 들어올 때 그녀는 책상에 앉아 있었다. 그녀는 자리에 앉은 채로, 실습생에게 앞에 앉으라고 지시했다. 실습생이 다시 의자에 눕듯이 앉았을 때, 그녀는 그를 빤히 보면서 친절하지만 명확하게 지적했다.

"일단, 똑바로 앉으시죠."

실습생은 아무런 불평 없이 즉시 자세를 고쳐 앉았다(그는 그녀의 의도를 즉시 알아차렸다!). 그 다음 엘리츠는 야보프스키에게 말했다.

"야보프스키 씨, 당신은 실습생입니다. 나는 당신의 상사이고 내 이름은 엘리츠입니다. 환영합니다."

야보프스키는 완전히 집중해서 들었다.

나는 스파링파트너에게 아까와 달라진 것이 있는지 물었다.

"하늘과 땅 차이예요. 완전히 달라요!"

"어떻게 다르지요?"

"글쎄요, 어쩐지 흥미로워요. 앞으로가 기대됩니다."

야보프스키는 실제로 실습 생활에 흥미가 생겼을 뿐 아니라, 안심할 수 있었다. 수직적 세계에서는 불명확한 서열이 모두에게 스트레스를 주기 때문이다. 수정된 장면에서 엘리츠는 대화를 시작하면서 즉시 단 몇 마디로 서열을 확실하게 정리했다. 이제 실습생은 비로소 그녀의 말에 귀 기울일 준비가 되었다.

당연히 이것은 실습생에게만 적용되는 규칙이 아니다. 팀장 역시 첫날, 혹은 첫 주에 수직적 세계의 대표자들에게 자신의 서열을 명확하게 드러내야 한다. 가혹하거나 잔인하지 않게 그러나 (내적으로 많은 노력이 필요하더라도) 당당하고 오만하게. 서열은 언제나 반드시 겉으로 '표현되어야 한다'. 그저 생각으로만 하거나 혼자 가정하는 것만으로는 충분치 않다. 남자들과 일할 때는 더더욱 안 된다.

불만을 표출하는 훼방꾼

사례를 하나 더 보자. 새로운 연구팀이 결성되었고, 첫 회의를 위해 연구원들이 독일 전역에서 모였다. 자연과학자들이 회의실로 들어섰다. 연구 분야에서 종종 그렇듯 대화 분위기는 매우 자유로웠고, 모두가 격의 없이 편하게 대화했다. 그런데 이 연구팀의 대표 교수가 참석하지 못했다. 그래서 타냐라는 조교가 대표 교수의 부탁으로 회의를 대신 진행해야 했다. 타냐는 이렇게 시작했다.

"여러분, 안녕하세요. 저는 타냐라고 합니다. 우리는 아직 서로 잘 모르니 우선 잠깐 자기소개 시간을 가질까요?"

모든 참석자가 돌아가면서 자기소개를 했다. 그러는 동안 한 남자는 노트북을 꺼내 전원을 켰다. 자기소개가 끝나고 타냐가 말을 이었다.

"오늘 주제가 뭔지는 다들 아실 것입니다. 먼저 논의 순서를 정했으면 해요. 무엇부터 시작하는 게 좋을까요?"

몇몇 제안이 나왔고, 그러는 동안 또 다른 남자가 스마트폰을 열어 뭔가를 했다. 나란히 앉은 노트북 남자와 스마트폰 남자는 이제 뭔가 다른 얘기를 나누기 시작했다. 분위기가 기이하게 경직되어 갔다. 타냐는 진땀을 흘렸다. 회의 진행이 전체적으로 점점 더 힘들어졌다. 어쩔 수 없이 회의를 대충 마무리하고 다음 회의 날짜를 겨우 정했다. 이 회의에서 그 이상은 무리였다. 무엇이 문제였을까?

첫 회의가 실패로 끝난 데는 확실히 타냐의 잘못이 컸다. 그녀는 회의실에 모인 남자들이 회의 내내 초조하게 기다렸을 정보를 제공하지 않았다. 바로 서열 메시지다!

"여러분, 안녕하세요. 대표 교수님을 대신하여 이번 회의의 진행을 맡은 타냐입니다."

이렇게 간단히 서열 메시지를 줬어야 했다. 이 한 문장이면 충분했다. 그 이상은 필요치 않다. 이 한마디에, 회의실에 모인 수직적 세계 사람들은 즉시 서열을 파악했을 터이다.

'아하, 저 사람이 그러니까 넘버원이구나. 오케이, 알겠어!'

그러나 타냐는 여자들만 있는 회의에서 통하는 방식으로 곧장 시작했다. 즉, 여담 없이 곧바로 본론으로 들어갔다. 실제로 수평적 세계에서는 서열 정리가 중요하지 않다. 그리고 타냐는 너무나 순진하게도 회의실에 앉은 연구원들이 자신과 같은 수평적 소통 방식을 쓸 거라고 확신했다. 이런 착각은 종종 웃음거리가 된다.

회의 중에 노트북 켜기, 스마트폰 보기, 옆 사람과 잡담하기 등이 무의미한 행동일 거라 간과해선 절대 안 된다! 당연히 그런 행동에는 많은 의미가 담겨있다. 그것은 수식적 세계 출신들이 시도할 수 있는 작은 쿠데타이다. 기다리던 서열 정리가 해결되지 않아, 불만을 표출하는 것이다. 타냐가 자신을 서열 1위로 명확히 밝히지 않는 한, 남자 동료들은 틀림없이 다음과 같이 생각한다.

'아직 1위가 정해지지 않은 거 맞지? 그래, 어쩌면 내가 1위일 수도 있지 않을까?'

그리고 벌써 쿠데타가 시작된다.

순전히 남자만으로 구성된 팀은 두말할 것도 없고, 혼성팀이 처음 회의를 열면, 가장 먼저 서열 정리를 위한 대결을 예상해야 한다. 나쁜 계략이 있어서가 아니다. 이런 대결은 종종 거의 자동으로 진행된다. 플러그를 꽂을 적합한 콘센트가 아직 정해지지 않았기 때문에, 애석하게도 아직은 시스템을 켤 수가 없다.

서열이 불명확한 혼돈 상태에서는 아무것도 시작할 수 없다.

그러므로 첫 번째 훼방을 심지어 반가워하며 속으로 환영하고, 거기에 담긴 제안을 파악하여 즉시 변경해야 한다. 서열 대결이 끝나면 시스템이 켜지고 작업을 시작할 수 있으며, 충성심이 쌓인다.

특히 학계에서 일하는 여성들이 서열 메시지를 명확히 표현하는 데 어려움을 겪는다. 많은 경우 타냐가 회의 진행을 의뢰받은 것처럼, 암묵적으로 서열이 자명하므로 굳이 그런 메시지를 전달하지 않아도 된다고 생각한다. 예를 들어 회의 주재를 맡은 여성 임원은 회의를 시작하면서 자신의 서열을 명확히 언급하는 것을 살짝 창피하게 여긴다. 그녀는 자신이 임원이라는 사실을 어차피 모두가 알고 있다고 확신한다. 그러나 수직적 세계에서는 서열 정리가 암묵적으로 이루어지는 경우는 아주 드물다. 수직적 세계의 대표자들은 명함이나 명패 어딘가에 그저 형식적으로 적혀있는 서열을 간단히 무시하는 경향이 강하다. 그들에게는 지금 여기서 보여주는 태도가 훨씬 중요하다. 다시 말해 스스로 자신의 서열을 명확하게 드러낼 줄 아는 사람만 인정한다.

나는 여러 의뢰인에게서 이런 깊은 인식 차이를 목격했다. 여성 의뢰인들은 암묵적인 서열 메시지를 훨씬 선호한다. 새로운 여성 임원을 소개하는 문서가 어딘가에 있었다면, 그걸로 충분하다! 왜 그걸 굳이 돌에 새기기까지 해야 한단 말인가? 남자들은 암묵적인 서열 발표를 종종 공수표 혹은 비준이 있어야 비로소 실효성이 있는 임시 계약 정도로 이해하기 때문이다. 새로운 임원이 스스로 자신의 서열을 명확하게 밝히는 순간, 수표 혹은 계약의 가치가 인정된다. '당신은 부서장이고, 나는 당신의 상사입니다. 그러므로……' 수평적 세계에서는 암묵적 선언이 적합하다. 그러나 수직적 세계에서는 종종 그것만으로 충분치 않다.

04

서열 1위에 집중하기

첫 회의 때 벌써 앞으로 동료들과 어떻게 지내게 될지가 결정된다. 그러므로 첫 회의 때 의식적으로 서열 대결에 임해야 한다. 서열 대결에서는 기본적으로 마리온 크나스Marion Knaths가 남성 지배적인 회의 상황을 위해 조언한 규칙이 통한다.

'언제나 서열 1위에 집중하라!'

화학제품 생산 공장에서 프로젝트 팀장으로 일하는 잘라비는 힘겨운 과정을 거친 후 이 규칙을 깨달았다. 잘라비는 회의에 참석하여 프로젝트 진행 상황을 보고해야만 했다. 모든 임원이 참석했고 의장은 사장이었다. 잘라비가 보고하는 동안, 이 프로젝트에 대해 아무것도 모르는 한 부서장이 사사건건 꼬투리를 잡아 훼방을 놓았다. 그런데도 사장은 훼방꾼을 제지하지 않고 그대로 두었다. 그렇다고 부서장이 끼어들 때마다, 보고하다 말고 매번 '저도 말 좀 하게 해주시죠!'라고 말한다면, 아주 바보 같아 보일 것 같았다(당연히 그렇게 보일 것이다).

하지만 그것 말고 뭘 할 수 있을까? 마리온 크나스가 정확히 지적했듯이, 여자들은 회의 때 종종 참석자의 직책과 상관없이 가능한 한 많은 사람의 주의를 집중시키려 애쓴다. 내용 중심적으로 본다면, 당연히 그런 소통 방식은 절대적으로 옳다. 그러나 반대로 남자들은 회의 때 주로 서열 1위에게만 집중한다. 회의실에 앉은 다른 사람들과의 소통은 별로 중요하지 않다. 오직 서열 1위에게 보내는 정치적 신호만이 중요하다. 그래서 또한 어떤 남자들은 회의 때 다른 사람이 이미 했던 주장을 정확히 똑같이 반복한다. 그들에게 그것은 주장에 대한 내용적 동의가 아니라, 서열과 관련이 있다.

중요한 것은 보스에게 나의 존재를 알리는 것이다!

부서장의 훼방을 해결하기 위해 잘라비가 선택한 해결책 역시 결국 '의식적으로 서열 1위에 집중하기'였다. 부서장이 다시 끼어들었을 때, 그녀는 그를 완전히 무시하고 명확한 동작으로 책상 끝에 앉은 사장에게로 몸을 돌렸다. 이제 부서장은 그녀의 등만 본다. 잘라비는 사장에게 아주 차분하게 그러나 큰 소리로 말했다.

"사장님! 훼방꾼은 무시하고 보고를 계속해도 되겠습니까?"

부서장은 번개라도 맞은 것처럼 꼼짝도 하지 못했다.

나는 부서장에게 물었다.

"잘라비 씨의 말을 계속 끊을 생각이세요?"

"그만두는 게 좋겠군요."

"왜죠?"

"이제 사장님까지 개입되었으니……."

아무튼 새로운 리더가 앞으로 같이 일할 사람을 처음 만나 대화를 시작할 때, 말 한마디 하지 않고도 남자들에게 아주 정확히 전달되는 명료한 신호를 줄 수 있다. 예를 들어 처음 주고받는 악수 같은 짧은 동작이 그런 신호일 수 있다.

여성 리더들은 아마 거의 모두가 조작된 첫인사에 불쾌감을 느껴봤을 터이다. 비록 형식적으로는 매우 친절하지만 실제로는 조작이 시도되고, 그것이 명확히 감지된다. 이런 인사는 정중함과 거리가 멀다! 학회 때 호텔 로비에서 젊은 여의사에게 큰 소리로 인사하고 두 손으로 그녀의 손을 덥석 잡고는 불편할 정도로 오래도록 놓지 않는 나이 많은 수석의사. 혹은 카메라 앞에서 미소를 지으며 다른 나라 여성 총리의 팔뚝을 오래도록 쓰다듬는 남자 대통령. 이 남자 대통령은 이런 동작으로 자신이 여성 총리보다 우월하다는 신호를 전 세계에 보낸다. 이런 불쾌한 상황에 대항할 수 있는 아주 간단한 방법이 있다. 바로 '거울 반사'이다.

| 거울-접촉 |

규칙

- 다급한(=주체적이지 못한) 반사 반응이 아니라, 침착하게 행동한다.
- 여유가 엿보이는 미소를 유지하거나, 얼음처럼 차가운 표정을 짓는다.
- 상체를 상대방 쪽으로 숙이지 말고 꼿꼿하게 세운다.

I. 성희롱 악수 1

- 상대방이 관대하게 미소를 지으며 악수하는 척 당신의 손을 잡는다. 그리고 그 위에 왼손도 올린다. 그런 식으로 그는 당신을 '손아귀에 넣는다'.
- *반응 : 침착하게 당신의 왼손을 그 위에 올리고, 상대방이 불편해할 때까지 그 자세를 유지하라. 상대방은 틀림없이 금세 불편해할 것이다.*

II. 성희롱 악수 2

- 상대방이 미소를 지으며 악수하는 척 당신의 손을 잡고, 왼손으로 당신의 팔꿈치도 잡는다.
- *반응 : 상대방이 하는 그대로 똑같이 따라 하라. 손도 팔꿈치도. 더불어 친절하게 미소를 지어도 좋다. 상대방은 곧 불편해할 것이다.*

III. G8 정상회담처럼

- 많은 사람이 보는 앞에서 상대방이 당신의 어깨를 다정하게 잡는다.
- *반응 : 상대방이 하는 그대로 똑같이 따라 하라. 똑같이 다정하게 웃으며 당신의 손을 상대방의 어깨에 올려라. 단, 쓰다듬듯 부드럽게 올리지 말고 세게 누르듯이 올려야 한다. 빙고! 이제 무승부다.*

기본 원칙은 아주 단순하다.

나도 너와 똑같이 한다!

종종(항상 그런 건 아니다) 신체 접촉이 불가피하므로 넘어야 할 문턱이 약간 있기는 하다. 그러나 내 경험으로 볼 때, '이러지 않았으면 합니다' 혹은 '좀 불쾌하네요' 같은 언어적 지적은, 똑같이 동작을 따라 하는 거울 반사만큼 효과가 빠르지 않고 또한 효과가 오래 가지도 않는다. 여자들이 거울 반사를 하면 남자들은 대개 큰 충격을 받는다. 그러나 그들은 거울 반사에 금세 불편해지고 그래서 조작 시도를 그만둔다. 물론 무조건 저지해야 하는 명백한 성적 접촉에는 거울 반사가 당연히 적용되지 않는다.

독일 메르켈 총리가 좋은 모범을 보여준다. 메르켈은 완전히 프로 정치인처럼 보인다. 바로 '거울 반사'를 완벽하게 잘하기 때문이다. 2012년 10월에 있었던 기업인협회장과의 대결에서 모범적인 짧은 장면을 확인할 수 있다. 대결 초반에 거울 반사의 전형적 요소들이 고스란히 등장한다. 메르켈 총리가 이때 거울 반사가 아니라 언어적 주장을 선택했더라면, 분명히 대결에서 패했을 터이다. 그러나 그 이후 주도권을 쥔 사람은 메르켈 총리였다.

| 강력한 메르켈의 거울 반사 |

1

시작 : 훈트와 메르켈은 친절한 톤으로 대화한다.

2

훈트가 가르치는 사람처럼 검지를 치켜세운다. 메르켈은 그의 과격함에 놀란다.

3

메르켈이 훈트의 동작 하나하나를 그대로 따라 한다. 머리도 앞으로 내민다. 그리하여 시선은 공격적으로 변하고 치켜세운 검지는 거의 수평이 되어 훈트를 가리킨다.

4

이제 눈높이가 맞다. 그리고 서로에게 귀를 기울인다(이제야 비로소!).

2012년 10월 16일 베를린에서 있었던 앙겔라 메르켈 총리와 기업인협회장 디터 훈트Dieter Hundt의 논쟁

05

물려받은 실수

시작은 시작이다. 그러나 선임자의 유산이 있고, 그것이 후임자를 힘들게 할 수도 있다. 때때로 업무와 함께 선임자의 일 처리 방식도 같이 인수인계되어, 새로운 업무도 선임자의 기준으로 평가되기 때문이다. 나쁜 의도가 있어서가 아니라, 그저 습관적으로 그렇게 하는 것이다. 그러므로 선임자의 그림자를 예상해야 하고, 그래야 당당하게 변화를 지시할 수 있다.

한 연구소에서 있었던 사례를 보자. 소장이 복도에서 다른 동료의 조교수인 슐렝커 박사를 우연히 만나 대수롭지 않게 물었다.

"다음 회의에 쓸 자료 좀 복사해 줄 수 있나요?"

슐렝커 박사는 연구소에 온 지 얼마 안 되었고, 처음부터 소장과 부딪히기 싫어서 알겠다고 대답했고, 복사를 했다. 그러나 허드렛일을 하는 조수 취급을 받았다는 생각에 내내 기분이 언짢았다.

어떻게 했어야 옳았을까? 부탁을 전달하겠다고 웃으면서 대답하는 것이면 충분했으리라.

"소장님 비서에게 전달할게요."

세미나에서 이 장면을 재현했을 때, 소장은 슐렝커 박사의 반응에 당혹스러워하며 물었다.

"굳이 뭐 하러? 당신이 금방 끝낼 수 있잖아요?"

그러나 슐렝커 박사는 미소를 유지하며(불쾌감을 드러내선 안 된다!) 말했다.

"그건 당신 비서가 해야 할 일이잖아요. 틀림없이 바로 처리해 줄 겁니다."

소장은 슐렝커 박사의 의도를 정확히 이해했다. 그리고 아무도 불쾌하지 않았다.

슐렝커 박사는 먼저 잘못 끼워진 단추를 고쳐 끼워야 했다. 나중에 밝혀졌듯이, 그녀의 선임자들은 그동안 그런 소소한 부탁을 아무렇지 않게 들어주었었다. 그러니까 소장은 그저 하던 대로 했을 뿐이고, 이제 슐렝커 박사의 정정에 기본적으로 거부감을 느끼지 않았다.

선임자들이 만들어 놓은 습관은 중요하다. 그러나 팀장으로 승진한 후 첫 몇 주 동안에는 다른 요인이 훨씬 더 중요할 수 있다. 심지어 새 팀장의 공식적인 역할이 없어서, 관심 밖으로 밀려나는 일이 종종 있을 수 있다. 조직이나 회사에서 부서를 장악하고 있는 암묵적 보스가 있을 때 얘기다. 그들은 평소 조용히 지내지만, 일이 벌어지면 아주 막대한 영향을 미친다. 그들은 '숨은' 보스이다. 공식적으로 보면 그들은 그저 한 영역의 관리자에 불과하다. 그러나 메로빙거 왕조가 망하고 카롤링거 왕조가 세워지는 과정을 경험한 서구 사회는 마지막에 관리자가 얼마나 강력해질 수 있는지 잘 안다. 우리의 사례에서는 건물 관리자가 숨은 보스였다. 그들의 태도에서 여성 리더의 정치적 무게를 가늠할 수 있다. 그들은 종종 인식하지 못한 채, 수식적 세계가 현재 새 여성 리더를 어떻게 생각하는지를 아주 정확히 행동으로 보여준다.

기본적으로 타당한 논리가 있다. 수직적 세계는 상대적으로 낮은 전문 역량이나 언어적 재능을 대수롭지 않게 여기는 대신, 권력 결정에 훨씬 중대한 회의실, 책상, 의자, 사무실, 업무 설비 등의 면적을 특히 중요시한다.

예를 들어 한 여자 교수가 연구소 소장직을 맡으면서 연구진을 위한 연구실 열 개를 약속받았지만, 출근 첫날에 다음과 같은 상황이 벌어진다면, 그것은 조직이 보내는 명확한 신호다. 배정된 연구실 열 개 중에서 다섯 개는 전자 제품 폐기물로 가득 하여 도저히 사용할 수 없는 상태였고, 세 연구실은 연구소와 무관한 사람들이 여전히 쓰고 있었다. 아무도 그들의 이사 일정 을 제때에 조율하지 않았기 때문이었다. 제대로 준비된 방은 소 장실 하나뿐이었다. 그나마도 문에는 여전히 선임자의 커다란 명패가 걸려 있었다. 모든 것이 그저 우연일까? 절대 아니다.

이 상황의 해결책은 (신임 소장이 추측했던 것과 달리) 당시 연 구실을 약속했던 채용 담당자에게 올라가 따지고 항의하는 데 있지 않았다. 오히려 건물 관리자의 왕국인 지하로 내려가야 했 다. 신임 소장은 이곳 지하실 무대에서 수직적 세계의 모든 서 열 게임을 경험해야 했다. 소위 '설명하는 대화'로는 확실히 안 통했다. 올바른 접근방식은 다음과 같다. 천천히 진입하여 그곳 의 서열을 명확히 인정한다.

"안녕하세요! 사무실 설비를 책임지는 관리실장님을 만나고 싶은데, 여기가 맞나요?"

"네, 맞습니다. 안녕하세요!"

적합한 신체 접촉(그 자리에 있는 모두와 힘차게 악수한다)과 함께 서열을 밝힌다.

"나는 ○○○학과 교수이고, 이름은 ○○○이라고 합니다."

그리고 명확하게 전달한다.

"여러분 중에서 누가 제 연구실 담당자죠? …… 당신인가요?

아하. ○○○ 씨, 당신의 도움이 필요해요. 뭐냐 하면……."

이제 아주 구체적으로 일이 진행된다.

세미나에서 신임 소장은 처음에 이런 식의 접근에 다소 회의
적이었다. 그러나 여러 스파링파트너와 이 장면을 재현했을 때
곧바로 밝혀졌듯이, 그녀가 수직적 세계의 이런 낯선 의식을 따
랐을 때 비로소 건물 관리자는 여자 소장의 말에 귀를 기울였
다. 그리고 그녀는 이틀 안에 명패를 받았다. 반면, 다른 여자
동료들은 몇 달을 기다려야 했다.

제

6

장

숨은 스타

잘못된 겸손 탈출법

01

불필요한 겸손은 손해

나의 의뢰인 라스토프는 이른바 '초과 달성자'라 불릴 만한 그런 사람이었다. 그녀는 언제나 맡은 일에 최선을 다했다. 높은 학력에 분석적 두뇌를 가졌고, 무슨 일이든 열심히 했으며, 전략적으로 생각하는 능력을 타고났다. 체구는 작지만 에너지가 넘쳤다. 한마디로 회사가 원하는 그런 인재였다.

그런데 왜 나의 의뢰인이 되었을까? 그건 바로 연봉을 올리고 싶어서! 그녀는 국제 선박회사에서 3년 동안 일하면서 회사 이윤을 500만 유로나 높였다. 정말 놀라운 실적이다! 게다가 같은 기간에 동료 부서의 실적은 오히려 후퇴했다. 그리고 이제 라스토프는 내게 와서 물었다.

"3년간 최고의 실적을 올렸으니, 이제 마침내 연봉 인상을 요구해도 되지 않을까요?"

나는 되물을 수밖에 없었다.

"3년 동안 연봉에 관해 한 번도 얘기한 적이 없습니까?"

"없어요. 그럴 만한 기회가 없었어요. 하지만 내가 얼마나 일을 잘하는지 분명히 알고 있을 거예요."

나는 다시 물었다.

"그들이 그걸 어떻게 알죠? 당신의 실적에 관해 상사들과 얘기한 적이 있나요?"

라스토프는 겸연쩍게 웃으며, 명확히 그것을 주제로 대화를 나눈 적은 없다고 했다.

"하지만 분기별 실적 평가서를 보면 우리 부서만 흑자를 기록했고, 다른 부서들은 모두 적자예요. 모든 상사들이 그걸 봤을 텐데요, 뭐."

나는 재차 물었다.

"그러니까 당신의 탁월한 실적에 대해 지금까지 단 한 번도 상사에게 '얘기'한 적이 없다는 뜻이죠?"

"네. 하지만 실적 평가서를 읽었을 테니, 굳이 얘기하지 않아도 이미 알고 있지 않겠어요?"

나는 라스토프를 실망시킬 수밖에 없었다. 애석하게도 직원의 실적에 관한 한 문맹인 상사들이 많다. 그래서 나는 그녀 맘에 전혀 들지 않는 조언을 줄 수밖에 없었다. 직속 상사에게 명확히 '입으로!' 자신의 실적을 알려야 한다. 그것을 생략한 상태에서 연봉 인상을 요구하는 것은 별 의미가 없을 것이다. 그러므로 라스토프가 해야 할 일은 6개월 동안 자신의 실적을 자기 입으로 자랑하고 칭송하는 것이었다. 그 후에 그녀는 연봉 인상을 요구할 수 있었다(그녀의 실적으로 볼 때, 객관적으로도 연봉 인상을 요구할 자격이 되고도 남았다).

많은 경우 남녀 모두에게 연봉 인상은 객관적이고 합당한 규정이 아니라, 협상의 문제다. 연봉 협상은 직장인으로서 당연한 행위다. 수직적 세계에서는 자신의 성공을 명확히 표현하는 것이 절대 명예를 갉아먹는 행위가 아니다. 오히려 그렇게 하기를 바란다. 자기 자랑을 하지 않는 직원에 대해 남자 상사는 대개, 자랑할 근거 역시 없을 거라고 추측한다. 돈에 대해 자신 있게 말하는 것이 이미 자격 요건에 속한다. 설령 자랑할 근거가 충분하더라도, 자기 입으로 자랑하지 않는 사람은 아무것도 얻지 못한다.

'꼭 해야 할 말이 있습니다'라는 식으로 정식으로 약속을 잡은 뒤 자신의 업적을 얘기하는 것은 적합한 자기 자랑이 아니다. 점심시간에 회사 식당에서, 직원 연수 때 호텔 로비에서 '비공식적인' 계기에 자기 자랑 임무를 수행하는 것이 훨씬 효과적이다. 그것은 결코 예의에 어긋나는 행동이 아니다. 회사 식당이나 호텔 로비, 회사 복도 역시 똑같이 직업적 연관성에 있기 때문이다. 이런 장소는 사적인 공간이 아니다. 이런 곳에서 자신의 업적에 대해 말하는 것은 절대 때와 장소를 잘못 선택한 것이 아니다.

02
'우리'가 아닌 '나'를 위한 돈

수평적 세계에서 중시되고 널리 사랑받는, '우리 팀', '우리 부서', '우리 실적' 같은 이른바 '우리' 메시지를 남자 상사 앞에서 쓰는 것은 당연히 좋지 않다. 우리 직원 모두의 연봉 인상이 당신의 목표인가? 팀원 전체를 대표해서 연봉 협상에 나서려는가? 분명 아닐 터이다. 그러므로 '우리'라는 말 대신에 '나'를 써야 한다. '나'를 주어로 하여 큰 소리로 명료하게 말하라. 지금 다룰 얘기는 '나'의 업적, '나'의 에너지, '나'의 성공, '나'의 아이디어이다. 상사가 지금 다뤄야 할 얘기는 회사가 '나'에게서 얻은 것과 회사가 '나'에게 줘야 할 '나'의 연봉이다. 직원 전체의 이익을 대표하는 일은 노조에 맡겨라. 그것이 노조가 할 일이고 또한 노조가 당신보다 그 일을 훨씬 잘한다. 이제 '내가 무엇을 해냈고' 어떤 '고객을 내가 유치했고', 어떤 '프로젝트를 내가 성공시켰고' 어떻게 '내가 나의 팀원들을 독려했으며' 어떤 '새로운 전략을 내가 개발했는지' 설명하라. 이 모든 일을 해낸 사람은 우리가 아니라 나다! 팀원들과 얘기하는 자리라면, '나' 대신에 '우리'를 써도 된다. 그러나 상사와 단둘이 연봉에 관해 얘기할 때는 완전히 다르다.

수평적 세계 대표자들에게는 이것이 다소 불편하게 들릴 것이다. 여자들에게 이런 태도는 때때로 과장되고, 뻔뻔스럽고, 압박처럼 느껴진다. 그러므로 상사가 여성이면 완전히 다르게 접근해야 한다. 그러나 남자 상사들은 대부분 이것을 아주 당연하게 여긴다. 뭔가를 성취한 사람이 그것을 드러내고 자랑하는 것은 그들에게 아주 자연스러운 일이다.

연봉 협상에서 자신의 가치를 최대로 올리는 것이 도대체 뭐가 문제란 말인가? 그것이 이기적인 행동인가? 당신이 리더로서 정말로 뭔가를 이룩했고, 도박을 일삼는 투기꾼이 아니라면, 당신은 실제 연봉과 일치하는 업무를 수행하고 있으므로, 실적에 상응하는 합당한 대가를 받는 것은 이기주의와 무관하다(그 돈을 누군가에게 기부하든, 자신을 위해 소비하든 당신 맘이다!). 그러나 실적과 대가의 일치도가 실제로 얼마나 높은지, 즉 당신의 업무가 정확히 현금으로 얼마인지를 많은 경우 정확히 알 수 없다. 그것은 대개 연봉 협상이라 불리는 시험대에서 비로소 알게 된다.

중공업 중견 기업의 40대 부서장인 히르싱의 사례를 보자. 그녀는 회사를 위해 열심히 일했고 실적으로 그것을 입증했음에도, 몇 년째 아무도 그것을 인정해주지 않는 것 같은 기분이 들었다. 현재 그녀의 연봉은 7만5천 유로이다. 그녀는 이것을 인상하고자 한다. 그동안 유지해왔던 겸손의 자세를 버리고 이제 최대 연봉으로 12만 유로를 기대한다. 당연히 그녀는 이 금액을 허황된 수치로 여기지 않는다. 그것은 아주 현실적인 금액이었다. 연봉 협상의 최소 마지노선은 8만4천 유로로 정했다. 이제 히르싱은 연봉 협상에 들어갔다. 그리고 당연히 곧장 최대치를 제안했다. 물론, 협상을 통해 낮출 여지가 충분히 있었다. 이제 세 가지 협상안이 나올 수 있다.

만약 좋은 분위기를 위해 최소액부터 제안한다면, 수직적 세계 출신인 상대방은, 그녀가 정중하게 제시한 최소액을 틀림없이 최고액으로 이해한다. 그러면 그런 겸손한 제안을 곧바로 고맙게 수락하는 경우는 아주 드물다.

남자 상사들은 앞에 앉은 여직원의 당당한 확고함을, 연봉 협상 그 이상의 의미로 이해한다.

'자신이 원하는 것을 이렇게 확고하게 주장할 수 있는 사람이라면, 고객에게도 회사의 이익을 똑같이 확고하게 대변할 수 있겠군⋯⋯.'

남자 상사와 연봉을 협상할 때, 미리 알고 있어야 하는 몇 가지 간단한 규칙이 있다.

| 연봉 협상 |

현재 : 7만5천 유로
최소액 : 8만4천 유로 - 최고액 : 12만 유로

출발 : 12만 유로 제안

1안 8만 유로 제안	**2안** 8만4천 유로 제안	**3안** 10만 유로 제안

추가 제안
(차량 제공 등)

친절하게 협상
결렬을 선언한다

고민해보고
결정하기로 한다

탈출 전략 :
'나가겠다!'

기한이 정해지지
않은 수용

기한이 정해진 수용
(예를 들어 18개월)

1. 이것은 아주 일반적인 업무의 연장이다. 연애도 아니고 심리 상담도 아니다. 비즈니스다!

2. 제안이나 거절에 즉각적으로 답하지 말라. 시간을 가져라. 느긋하게 호흡하라. 평정심을 유지하라. 시간은 많다!

3. 당신이 이룩한 구체적인 성과를 근거로 제시함으로써, 회사에서 당신이 얼마나 필요한 사람인지를 드러내라(근거 자료들을 미리 문서화해 상사 눈앞에 제시해야 한다).

4. 구체적인 총액을 성급하게 거론하지 말라. 당신과 비슷한 지위에 있는 사람들의 연봉과 회사의 전체적인 연봉 수준을 대략이나마 미리 조사해 둬야 한다. 상대방의 제안보다는 수치에 반응하기가 더 쉽다.

5. 수락의 징후는 없고 거절만 계속된다면, 속으로 한발 물러설 준비를 하라.

6. 협상 테이블에서 곧바로 동의하거나 거절해선 안 된다. 상대방의 최종 제안을 일단 '인지'하고 시간을 가진 뒤에 반응하라. 설령 속에서는 부글부글 끓더라도, 겉으로는 태연함과 당당함을 유지하라.

7. 당신이 마지노선으로 정한 최소액으로 결정이 났더라도, 협상은 아직 끝난 게 아니다. 아주 중요한 추가 제안이 있을 수 있다. 예를 들어 차량 제공, 외국 파견, 재교육 지원(교통비와 숙박비 포함), 컨설팅 지원. 그 가치를 얕잡아보지 말라!

8. 상대방이 자신의 제안에서 한발도 물러설 기미가 없다면, 6개월 혹은 12개월 뒤에 재조정을 제안하라. 여기에는 별도의 비용이 들지 않기 때문에 그는 분명히 그 제안을 받아들일 것이다.

어떤 여성 임원들은 일종의 '성과 일지'를 작성한다. 그들은 이런저런 프로젝트에서 자신이 이룩한 성과들을 일주일 단위로 꼼꼼하게 기록해 둔다. 이런 성과들은 업무 압박에 시달리다 보면, 금세 잊을 수 있기 때문이다. 연봉 협상을 준비할 때 이런 '성과 일지'가 대단히 유용하다.

성과 일지를 기록했더라면, 어쩌면 다음 사례에서 만날 정책연구소 소장의 연봉 협상은 다르게 진행되었을 터이다. 이 연구소는 공동 대표 체제로 운영되었다가 남자 대표가 연구소를 떠나면서 공동 대표였던 의뢰인이 갑자기 단독 대표가 되었다. 분석력이 뛰어난 그녀는, 이 기회에 자리 하나를 아끼자고 이사회에 제안했다. 그녀는 현재 연봉 9만 유로를 받았고, 공동 대표였던 동료는 (같은 업무를 하고도!) 연봉을 12만 유로나 받았었다. 이사회는 당연히 이 제안에 관심을 보였다. 게다가 그녀가 두 사람 몫을 하는 대가로 요구한 연봉 인상액이 5000유로였다!

그러니까 동료의 업무를 완전히 떠안으면서, 그 대가로 5000유로를 더 받겠다는 제안이었다. 결과적으로 연구소는 앞으로 11만5천 유로를 아낄 수 있다. 연구소 입장에서 이것은 멋진 일이었고, 내 의뢰인에게는 대패한 협상이었다. 그녀는 스스로 조작 함정을 팠고, 자기가 파놓은 함정에 자기가 빠졌다! 그녀는 이사회에 연봉 인상을 요구했을 뿐 아니라, 자신의 경력에 결코 도움이 안 되는 메시지를 전달했다. 말하자면 그녀는 조직의 이익을 위해 자신의 가치를 기꺼이 낮추는 하인의 태도를 보였다. 과연 누가 그런 리더를 존중할까? 남자들은 확실히 아니다. 나의 의뢰인은 컨설팅 이후에 자신의 실수를 깨달았지만, 연봉 금액을 고칠 수는 없었다. 그러나 돈으로 바로 환산되지 않는 특권 협상은 개선할 수 있었다.

수평적 세계에서는 아주 어렸을 때부터 자신의 업적을 낮추는 성향이 지지를 받는다. 여자들은 이런 소통 방식을 자연스럽게 공유하기 때문에, 모든 사람이 그들처럼 소통할 것이라고 착각한다. 그래서 수평적 세계 출신의 수많은 '초과 달성자'들이 자신의 성과를 굳이 말하지 않아도 모두가 알아주기를 기대하며 묵묵히 기다린다.

수평적 세계에서는 자신의 성과를 노골적으로 드러내지 않는 것이 높이 평가되기 때문에, 자신의 성과를 겸손하게 낮춰서 표현하고(그러면 격려와 보상을 모두 받는다) 혹은 자신의 오류를 공개적으로 인정해도(이때 자신의 강점이 존중받기를 희망한다) 전혀 문제가 안 된다. 그러나 만약 수평적 소통 방식을 전혀 모르는 남자들과 마주 앉았다면, 이 모든 메시지는 의도치 않은 결과를 낳을 수 있다.

03

수평적 반사의 결과

수평적 반사는 사회적 최소 단위인 가정에서도 엄청난 결과를 가져올 수 있다. 마을 축제에서 만난 어깨가 넓은 사업가의 이야기에서는 아무튼 그랬다.

사업가의 아내는 음식 솜씨가 아주 좋았고, 그는 식사 때마다 잊지 않고 아내의 솜씨를 칭찬했다. 하지만 그의 아내는 남편이 칭찬할 때마다, 요리에서 부족한 부분을 지적하며 자신의 솜씨를 깎아내렸다.

"마늘이 있었으면 더 좋았을 텐데, 마침 다 떨어졌지 뭐야."

"오븐에 너무 오래 구웠나 봐. 그라탱이 노릇노릇하지 않고 거의 갈색이 되었어."

"후추 맛이 너무 강하게 나네."

사실 아내는 남편이 '아니, 아니야. 정말 맛있어!'라고 다시 말해 주기를 바라는 마음에서 그저 의식처럼 자신의 솜씨를 낮춰 말한 것이다. 아내는 그런 식으로 다정한 대화를 시작하고 싶었겠지만, 남편은 점차 짜증이 나기 시작했다. 그리고 결국은 폭발하고 말았다.

"음식이 맛있다고 말할 때마다 매번 그렇게 부정을 하니, 이제부터는 음식에 대해 아무 말도 하지 않겠어!"

그리고 남편은 한 달 내내 정말로 그렇게 했다. 결과적으로 식사 시간은 온 가족에게 '테러'였다. 아이들은 집안의 무거운 분위기가 싫어 급기야 맛없는 학교 급식을 더 선호하기 시작했고, 그 사실을 알게 된 후에야 비로소 남편은 자신의 계획을 중단했다. 그는 다시 아내의 음식을 칭찬했고, 아내가 다시 요리의 부족한 부분을 지적하면, 기계적으로 '아니야, 정말 맛있어.'라고 대꾸했다. 이때 비로소 아내는 칭찬을 곧바로 부정하는 자신의 반응이 문제였음을 깨달았다. 그 후 아이들도 다시 기꺼이 식탁에 앉았다.

이 사례에서는 서로 다른 언어를 쓰는 두 사람이 아슬아슬하게 가정불화를 모면했다. 그들은 부부였으니 일상을 함께하면서 서로에게 한 걸음씩 다가갈 기회가 있었다. 그러나 직장 생활에서는 그럴 시간과 공간이 많지 않다. 그곳에서는 각 언어 체계의 대표자들이 첫 번째 회의에서 벌써 오해나 분노로 갈라서는 경우가 훨씬 더 많다.

수년간 소프트웨어 개발 사업을 하다가 다시 취직해 직장 생활을 시작하려던 한 여성 의뢰인이 그런 경우였다. 그녀와 일했던 거래처들은 모두 그녀에게 만족했었지만, 정작 그녀의 취직 요청을 받아주는 거래처는 한 곳도 없었다. 결국 그녀는 내게 전화를 걸어 풀 죽은 목소리로 거래처 사장들과 어떻게 대화를 나눴는지 설명했다. 그것은 재난에 가까웠다. 그녀는 언제나 사업할 때 힘들었던 얘기로 잠재 고용주와의 대화를 시작했다.

회계 업무가 너무 어려웠고, 거래처가 대금을 늦게 결재했고, 이윤이 거의 안 남았고, 건강이 나빠졌고, 자기 계발을 위한 재교육의 시간이 없었고, 협상이 너무 어려웠고……, 앞으로는 그런 일을 겪고 싶지 않아서 취직을 결심했다고 말했다. 잠재 고용주들은 그녀와 함께 일한 경험이 있었으므로 그녀의 뛰어난 전문 능력을 잘 알았다. 그녀가 왜 사업을 포기하고자 했는지 내게 상세하게 설명했을 때, 나는 도저히 이해가 되지 않아 이렇게 물어야 했다.

"정말로 이 모든 내용을 면접 자리에서 다 말했다고요?"

"당연하죠. 지금까지는 거래처였지만 앞으로는 같은 회사에서 일하려는 거니까, 내가 어떤 사람인지 자세히 알아야죠."

확실히 그녀는 사람과 사람 사이의 관계를 먼저 생각했다. 그러나 맞은편에는 사람과의 관계가 아니라 그 사람의 실력과 가치를 먼저 생각하고 나중에, 아무튼 한참 뒤에 인간관계를 생각하려는 남자 사장들이 앉아있었다. 후배 컨설턴트가 예전에 자기보다 전문 역량이 훨씬 뛰어난 두 여성을 한마디로 제압했던 적이 있는데, 그때의 공식이 무엇인지 아는가? '투 머치 디테일Too much detail'. 비록 사주들이 소프트웨어 개발자에게 직접 말하진 않았지만, 분명히 속으로 그렇게 생각했을 터이다. 게다가 그녀가 늘어놓은 얘기들은 '무능력 목록'이라고 해도 과언이 아닌 세부 내용이었다! 관계를 맺기 위해 아주 솔직하고 상세하게 전달한 개인적인 취업 동기는(누구를 채용하는지 정확히 알아야 하니까!), 잠재 고용주들이 원래 알고 있는 지원자의 뛰어난 전문 능력마저도 침몰시키는 어뢰가 되었다.

비즈니스 만남을 체험 공유 모임과 혼동했다고 지적하자, 그녀가 몹시 화를 내며 따졌다.

"어째서요?"

나는 그녀에게 친절하게 대답했다.

"상대방은 면접을 비즈니스 거래로 생각한다는 게 바로 문제의 핵심입니다. 이런 비즈니스 거래가 성사되기를 원했다면, 당신을 채용하는 것이 회사에 어떤 이익이 있는지 그리고 기대하는 연봉이 얼마인지 말했어야죠."

그러나 그녀는 너무 무리한 요구라며 전화를 끊었고, 그것이 그녀와 나눈 마지막 대화였다.

안타깝게도 이런 일이 종종 벌어진다. 데보라 태넌은 수직적 대화와 수평적 대화의 차이를 '리포트_{report}'와 '라포르_{rapport}'의 차이, 즉 '객관적 보도'와 '관계 돌보기'의 차이로 설명했다. 직장이라는 수직적 환경에서 수평적 소통 방식을 써서 자신의 역량을 '리포트'하기 전에 '라포르'부터 시작한다면, 그것은 자신의 배에 어뢰를 발사하는 것이다.

04

시각적 서열을 포기하면?

평등한 조직을 만들기 위해 조직의 대표로서 앞에 나서기를 주
저하는 '수평적 반사'는 전혀 의도치 않은 여러 결과를 종종 낳
는다. 여성 임원들이 자주 간과하는 것이 바로 공식적인 회사
사진의 시각적 효과이다. 그들은 그 중요성을 제대로 인식하지
않는다. 사진 찍을 때 앞자리를 차지하겠다고 밀치고 나서는 것
이 창피하다는 것이다! 하지만 직원들은 팸플릿이나 홈페이지
에서 사진만 볼 뿐, 그 뒤에 어떤 이야기가 있는지는 모른다. 그
리고 그들은 사진을 보며 뒷이야기를 맘대로 상상한다. 분명히
사진 속 인물보다 훨씬 더 많이…….

재무이사인 벨팅의 사례가 그랬다. 그녀는 별일 아니라는 듯

회사 잡지를 내게 보여주었다. 한 면을 펼쳤고, 거기에 그녀의 사진이 있었다. 사진 두 장이 나란히 배열되었는데, 나는 문제점을 바로 발견했다. 두 사진에는 총 세 명이 있었다. 하나는 독사진이었는데, 한 남자(부서장)가 가볍게 미소를 짓고 있었다. 다른 사진에는 남녀 두 사람이 경직된 자세로 서 있었고, 그중 한 명이 나의 의뢰인이었다. 두 사람은 비교적 바짝 붙어 서서 카메라를 응시했다. 남자는 의뢰인보다 살짝 앞에 서서 환하게 웃고 있었고, 의뢰인은 그 남자의 어깨에 살짝 가려진 채 억지 미소를 짓고 있었다. 두 사람 모두 임원이었다. 사진 밑에는 사진 속 인물의 이름이 적혀있고, 인터뷰 기사가 이어졌다.

재무이사인 벨팅은 이른바 '숫자를 씹어 먹는' 능력자였고, 옆에 선 남자는 마케팅이사였다. 그는 최근에 이 회사에 들어왔고 그때부터 갈등이 생겨 지금도 누가 어떤 분야에 책임과 권한이 있느냐를 두고 다툰다.

사진을 찍을 때의 상황을 상세히 물었다. 벨팅은 회의를 마치자마자 서둘러 촬영장으로 왔고, 다음 일정이 빠듯하게 붙어 있어서 몹시 바빴다. 급하게 거울을 보고, 헝클어진 머리를 서둘러 손으로 정리하는데 벌써 사진사가 셔터를 누르기 시작했다. 그녀의 동료인 마케팅이사는 '사악한 미소를 띠고' 여기에 섰다가 저기에 섰다가 하면서 계속 그녀의 신경을 건드렸다. 하지만 다행히 15분 뒤에 모든 촬영이 끝났고, 그녀는 마침내 다시 뭔가 의미 있는 업무를 할 수 있었다. 그리고 얼마 후 개최된 회사 신년회에서 당혹스럽게도 정확히 그 쓸데없는 사진에 대해 직원들이 계속 수군거렸다. 그녀가 간과한 게 있었을까? 그렇다!

벨팅은 우선 그런 사진 촬영이 재무 회의와 똑같이 재무이사로서 해야 할 업무임을 인식하지 못했다. 이런 일정을 그저 얼른 해치워야 하는 귀찮은 일로 얕잡아 봤다면, 그녀는 자신의 업무 일부를 제대로 이해하지 못한 것이다. 벨팅이 설명한 대로 일상적으로 그녀의 지위를 흔들어 놓았던 마케팅이사는 이런 일정의 중요성을 확실히 더 잘 인식했다. 그는 이 사진이 회사 임직원에게 전략적인 메시지를 전달하는 데 중요하다는 것을 명확히 알았고, 그래서 그는 또한 자신에게 유리한 장면을 연출하고자 애썼다.

사진에서 앞자리를 차지하고 동료를 살짝 가린 것은 자신의 우위성을 시각적으로 선언한 것이다. 그리고 직원들은 이런 암묵적 메시지에 반응했다. 벨팅의 얼굴 혹은 실루엣에서 그녀의 장점을 알아보고 언급하는 사람은 아무도 없었다(벨팅은 어리석게도 그것을 기대했었다). 오히려 직원들은 의심하며 수군거렸다. 두 이사의 실제 서열이 과연 동등할까? 재무이사가 이미 뒤처진 거 아니야? 마케팅이사가 이미 대결에서 이겼고, 그래서 재무이사가 뒤로 물러났을까?

"그리고 부서장이 혼자 커다란 사진 하나를 독차지하는 동안 두 임원이 사진 한 장에서 서로 겨룬다면, 거기에도 뭔가 중대한 메시지가 있는 거 아닐까요?"

벨팅은 나의 질문에 그제야 생각이 난 듯 대답했다.

"맞아요. 그 부서장이 회사의 새로운 '슈팅 스타'인 것 같다고 직원들이 수군거리는 걸 신년회 때 들었어요. 그때는 그냥 말도 안 되는 한심한 얘기라고 생각했었죠."

이제 벨팅은 희미하게나마 뭔가를 깨닫기 시작했다. 잡지에 실을 사진을 선택하는 일은 비서에게 맡기자고 마케팅이사가 제안했었는데, 그것은 절대 동료로서 베푼 친절이 아니었다. 이제 벨팅도 명확히 알게 되었듯이 그것은 친절이 아니라 조작 함정이었고, 그녀는 함정에 걸려들었다.

공식적인 사진에서 명심할 규칙은 남녀 모두가 똑같고, 그렇게 어렵지도 않다.

- 사진을 찍기 전에 먼저, 그 사진을 나중에 누가 볼지, 그 사진을 통해 그들에게 어떤 메시지를 전달하고자 하는지 깊이 생각해야 한다. 이런 심사숙고가 복장과 자세의 선택에 영향을 미친다. 사람이 아니라 카메라를 보고 미소를 짓는 것이 때때로 살짝 어색하겠지만, 이겨내야 한다. 그리고 사진을 찍

을 때 시간에 쫓겨선 안 된다! 시간에 쫓겨 서두르면 사진이 의도대로 나오기 어렵다. 또한 의도와 반대로 사진에 성급함과 소홀함이 묻어날 수 있다. 그러므로 사진 촬영을 위해 시간을 넉넉히 빼둬야 한다. 특히 인터넷 시대에는 안 좋은 사진들이 예상보다 훨씬 더 빨리 퍼진다.

• 사진으로 전달하고자 하는 메시지를 사진작가에게 알려야 한다. 그리고 블라우스가 흐트러졌거나 바지가 너무 끼는 등, 메시지와 맞지 않는 부분이 있으면 적극적으로 지적해 달라고 사진작가에게 부탁해야 한다. 성격상 그런 지적을 하지 못하는 사진작가들도 더러 있기 때문이다.

• 여러 사람이 같이 찍는 사진이라면, 어디에 혹은 누구 옆에 어떤 자세로 설지를 미리 명확히 정해야 한다. '빨리 찍고 끝냅시다!' 같은 집단 압력에 밀려 하찮은 실습생처럼 보이는 자리에 서면 안 된다! 리더는 사진에서도 리더처럼 보여야 한다! 사진 촬영에서 뒤로 물러나는 것은 정확히 틀린 자세이다. 맨 아래 서열이라 끄트머리에 서야 하는 경우가 아니라면, 사진 가장자리는 가장 안 좋은 선택이다.

• 그리고 마지막으로 가장 중요한 규칙! 어떤 사진을 쓸지 결정하는 일은 절대 아무나 해도 되는 귀찮은 업무가 아니다. 리더는 사진을 직접 선택하지, 적일지도 모르는 동료에게 절대 맡기지 않는다.

이 모든 것이 허영이라고 생각해선 안 된다! 이것은 인격적 허영이 아니다. 루이 14세의 궁전에서만큼 아주 정치적이다. 루이 14세는 심지어 자신의 정원보다 더 아름다운 정원을 가진 신하가 있으면, 그것을 하극상으로 간주했다.

05

왕관 신드롬은 없다

내가 세미나에서 여성 참가자들에게 자신의 업적을 스스로 드러내야 승진도 가능하다고 말하면 많은 경우 이해할 수 없다는 반응을 보이는데, 그럴 때면 나는 맨 앞줄로 가서 한 참가자를 정한 뒤 그녀 앞에서 몇 미터 떨어진 곳에 의자 하나를 둔다. 그런 다음 나는 그녀에게 다가가서 가만히 바라보다가 말한다.

"아무 말 하지 마세요. 나는 당신의 수많은 장점이 그늘에 가려져 있는 걸 다 알고 있어요. 교육 수준, 주의력, 추진력. 정말 대단하죠. 당신은 늘 친절하고 생각도 아주 깊어요! 아무 말 하지 마세요. 또한, 당신이 성공시킨 프로젝트들 역시 아주 대단해요! 통솔하기 힘든 팀이었는데, 정말 믿기질 않네요. 그 어려운 일을 어떻게 성공시켰는지. 아무 말 하지 마세요! 그뿐인가요. 그 많은 고객을 혼자 다 관리했다는 것도 잘 알아요. 섬세한 감각과 탁월한 결단력! 아무 말 하지 마세요! 그리고 아주 급하게 중국으로 발령을 냈는데도 그렇게 빨리 중국어를 배우다니, 정말 놀라워요. 아무 말 하지 마세요! 굳이 말하지 않아도 됩니다! 당신의 비용 절감 능력은 이미 전설이고 판매 성공률 역시 탁월하죠. 아무 말 하지 마세요. 그리고 지금 여기……."

이때 나는 아까 놓아둔 의자로 가서 말을 잇는다.

"여기 오직 당신만을 위해 왕좌 하나를 준비했습니다. 아무 말 하지 마세요! 당신의 성공을 위한 왕좌이니, 당신은 그저 여기에 앉아있기만 하면 됩니다. 이 왕좌는 오래전에 당신을 위해 마련되었고, 당신은 이제 아무 말 없이 이 자리에 앉아도 됩니다. 정말 멋지지 않나요?"

그러면 참가자들 대부분이 미소를 지으며 동의한다. 그렇다. 자기에 대해 말하지 않고도 왕좌에 앉을 수 있다면 정말 멋진 일이다! 오랫동안 대관식을 기다렸던 공주가 마침내 왕관을 머리에 쓰고, 왕관이 또한 공주에게 아주 잘 어울린다. 다만 공주는 왕좌에 앉고 싶은 욕구를 말로 표현하기를 꺼린다. 어차피 그녀가 공주라는 것을 모두가 알고 있으니, 굳이 그럴 필요가 없다고 생각하기 때문이다.

그러나 곧이어 나는 그 자리에 모인 여자들을 실망시킬 수밖에 없다. 그런 대관식(아무 말 하지 않아도 남자 상사가 미리 알아서 여직원에게 왕관을 씌워주는 일)은 전설과 동화에서 일어나지, 현실의 직장 세계에서는 절대 일어나지 않기 때문이다. 미안하지만, 조용히 기다리는 공주들은 왕관을 받지 못한다. 여직원에게 왕관을 씌워주고 싶어서 대관식이 열리기만을 기다리고 있는 남자 상사도 없다. 어떤 상사도 승진 대상자의 업적을 오랫동안 추적하며 정확히 기록해 두지 않는다. 승진을 원하면 스스로 자신의 업적을 드러내고 증명하여 인정받아야 한다. 다시 말해 공주는 큰 소리로 자기 자신을 드러내고 자신에게 와야 할 왕관을 직접 가리켜야 한다. 그렇게 한다고 해도 공주가 왕관을 받는다는 보장은 아직 없다. 그러나 빛나는 업적을 말하지 않은 채 조용히 기다릴 때보다는 왕관을 받을 확률이 확실히 더 높아진다.

컴퓨터 업무 열정

올바른 이메일 활용법

01

친근함을 드러낼 때와 격식을 차려야 할 때

우연한 기회에 재능을 인정받아 인재로 발탁될 때까지 끈기 있게 조용히 기다리기. 이것이 대단한 능력이라고 믿는가? 아니다. 이것은 수직적 세계에서 자신의 업적과 가치를 스스로 떨어트리는 태도다. 또한 모두를 공평하게 대하는 몸에 밴 소통 방식을 고집하는 여성 직장인은 그것만으로도 이미 자신의 업적과 가치를 떨어트릴 수 있다. 특히 대내외적 이메일 교환에서 이런 일이 벌어진다. 가상 세계의 소통 역시 서열 표시가 중요하다. 그러나 다음의 사례에서처럼 그것이 거의 반영되지 않는다.

한 대기업의 신임 여자 과장이 남자 상사에게 메일을 보냈다. 메일을 받은 상사는 살짝 당혹스러워하며 내게 그 메일을 보여

주었다. 메일은 '체르니 씨께'로 시작해서 '사랑하는 랑거로부터'로 끝났다. 체르니는 신임 과장의 역량을 믿어 의심치 않았으므로, 그녀가 과장 자리에 오를 자격이 충분하다고 확신했었다. 랑거는 원래 대학연구소에서 일했었는데, 이제 직장인으로 전향하여 신임 과장으로서 대기업으로 옮겼다. 내가 본 메일은 그가 그녀로부터 받은 첫 번째 메일이었고, 이제 그는 갑자기 그녀에 대한 확신이 흔들렸다.

이 여자는 자기가 지금 어떤 역할을 맡았는지 정확하게 알고 있는 걸까?

왜 하필 지금 이런 의심이 생겼을까? 랑거의 역량이 갑자기 없어지진 않았다. 역량은 그대로이지만 그녀가 보낸 메일을 보면, 직장에서의 공식성과 형식성을 전혀 모르는 여대생을 상기시킨다. 체르니는 50세쯤 되었고, 신임 과장은 30세가 채 안 되었으니, 어쩌면 세대 차이의 문제일 수도 있다.

아무튼 체르니가 보기에, 업무 메일을 보내면서 그냥 '체르니 씨께'라고 시작한 것은 격식을 모르는 무능이었다. 특히 '사랑하는 랑거로부터'라는 끝맺음은 더욱 심각했는데, 둘은 친척도 아니고 삼촌도 사촌도 아니며, 개인적으로 친한 사이도 아니기 때문이다. 그러나 체르니가 더 걱정하는 부분은, 신임 과장의 어투가 다른 직원들에게 '어떻게 비칠 것인가'였다. 신임 과장이 사무실에서도 그렇게 격식 없이 업무를 시작한다면, 어떻게 과장으로서 인정을 받겠는가?

신임 과장의 어휘 선택은 지위 불안, 최악의 경우 지위 상실의 징후일 수 있다. 이런 방식으로 소통하는 사람은 어떻게든 친해지려 애쓰고, 형식을 중시하지 않으며, 어쩌면 그런 형식이 심지어 쓸데없다고 여긴다.

그러나 메일의 이런 첫인사와 끝맺음은 적어도 남자들 사이에서는 발신자의 가치를 떨어뜨린다. '○○○ 씨께'로 시작하여 '사랑하는 ○○○으로부터'로 끝나는 메일은 발신자가 수평적 세계에 속하고자 하는 사람임을 드러낼 뿐, 존중해야 하는 사람 혹은 필요할 때 합법적이고 전문적인 지침을 내릴 사람임을 보여주진 않는다.

신임 과장은 잘못된 첫인사와 끝맺음으로 불필요하게 힘든 상황을 만들었다. 바뀐 직장 환경에 아직 완전히 적응하지 못한 것이 분명하다. 주로 영어로 소통하는 대학연구소에서는 친근한 어투가 거의 당연하고, 격식을 차리지 않는 호칭이 일반적이다. 그러나 이런 환경에서도 리더는 소위 '팀 이상화'에 가려 자신의 직업적 서열이 무시되지 않도록 주의해야 한다.

하물며 랑거는 이제 연구 분야를 완전히 떠났고, 역할이 명확한 대기업 과장이 되었다. 이제 그녀는 언어도 바꿔야 한다. 적어도 초기에는 언어 사용에 신중해야 한다. 몸에 밴 친근한 어투를 어떻게 조절할지 신경 써야 한다(무엇이 좋을지 잘 모를 때는, 격식을 차리는 편이 안전하다). 또한 메일에서도 적당히 거리를 두어, 격식 있게 '○○○ 귀하'를 써야 한다. 대부분의 큰 조직에서 이런 격식은 절대 쓸데없는 일이 아니고 외부인과의 소통에서도, 예를 들어 개인적으로 잘 알지 못하는 고객과의 소통에서도 마찬가지다. 그리고 메일의 끝맺음은 '○○○ 올림'처럼 정형화된 표현을 그대로 쓰는 편이 낫다.

수평적 세계에서는 공감과 소속감 표시에 큰 가치를 둔다. 그래서 여자들은 메일에서도 친근함을 드러내려 한다. 그들에게는 친근함이 격식보다 더 중요하고, 무엇보다 화기애애한 분위기에서 모두가 편안함을 느껴야 한다! 그러나 상대방이 수직적 세계의 대표자들이라면, 이런 소통 방식은 종종 의도와는 전혀 다른 효과를 낸다.

남자들은 친절한 사람의 권력을 낮춰 본다. 그러므로 직장에서는 다소 전형적인 격식을 따르는 것이 큰 도움이 되고 오해도 막을 수 있다. 실제로 직장에서의 관계는 일반적으로 바라는 것보다 훨씬 덜 친근하다.

물론 여러 SNS에서는 격식을 차리지 않는 소통 방식이 널리 애용된다. 그곳에서는 친근한 어투에 심지어 반말을 쓰고, 모든 형식과 격식을 버리고, 모든 것이 아주 빠르게 진행되며, 호칭은 생략된다. 그러나 리더라면, 이런 소통 방식을 섣불리 직장에 그대로 가져올 만큼 순진해선 안 된다. 졸업 파티에서 찍은 방탕

한 사진을 전체 공개로 올려선 안 된다는 원칙이 점차 상식이 되고 있다. 리더는 메일에서도 적당히 거리를 둠으로써, 모든 가능성을 열어두어야 한다.

02

이메일에서의 서열 메시지

업무 협력을 위해 주고받는 이메일에는 즉시 답해야 한다. 하지만 실질적인 협력이 아니라 그저 파워게임의 연장이라면, 다른 규칙이 적용된다.

먼저 답장을 보낼 적합한 시점을 정해야 한다. 언제든지 모든 메일에 즉시 답장을 보낸다면, 그것은 당신이 도움을 주기 위해 항시 대기 중이라는 신호다. 업무 환경이 평화롭다면 이것도 괜찮다. 그러나 당신의 직책이나 서열의 권위가 공격받는 상황이라면, 이런 자세를 당장 버려야 한다. 그러므로 답장 역시 뒤로 미뤄도 된다. 빠른 답장을 요구한다는 글귀에 부담을 느낄 필요 없다. 때로는 아주 의도적으로 한참 뒤에 답장을 보내는 것이 서열을 강화할 수 있다. 심지어 어떤 메일에는 답장을 보내지 않아도 된다.

이런 전략적인 지연은 또한 전형적인 수평적 소통 방식, 즉 원래 계획했던 것보다 더 많이 말할 위험을 막아준다. 수평적 소통 방식에서는 좋은 기분이 들도록 친절한 문장 하나를 더 쓰고, 다시 한 문장을 더 추가한다. 그리고 너무 평범한 것 같아 한 문장을 더 쓴다. 이런 적이 있다면, 앞으로 주의하라! 이런 식으로 추가하다 보면, 최악의 경우 답장이 너무 상세해져서, 남자 수신자는 그 길이만으로도 우월감을 느낀다.

'귀엽군, 뭘 부탁하면 이렇게 열심히 애를 쓴다니까!'

그러므로 곧바로 답하지 않는 편이 낫다.

모든 부탁을 들어줘야 하는 건 아니다. 어디에도 그런 규칙은 없다.

"자세히 설명해주시겠습니까?"

"아니오."(이유를 설명할 필요 없다!) 혹은,

"나중에요."(이유를 설명할 필요 없다!) 혹은,

"그럴 필요 없습니다."(이유를 설명할 필요 없다!)

이메일에 답할 때도 의도적으로 짧게 씀으로써 서열 메시지를 보낼 수 있다.

수직적 세계에서 자주 사용하는 고전적인 방식이 있다. 바로 메일에 직접 답하지 않고 부하직원이나 비서에게 시킨다. 당연히 여자들도 이 방식으로 거리를 둘 수 있다. '뮐러 박사님의 부탁으로 대신 답장을 보냅니다……' 혹은 더욱 명확하게 '뮐러 박사님의 지시로 아래의 내용을 전달합니다……' 남자 수신자는, 뮐러 박사(여자)가 지금 더 중요한 일이 있어서 이메일에 답장을 못 한다는 것을 즉시 이해할 것이다. 그리고 앞으로는 사소한 일로 더는 귀찮게 하지 않을 것이다.

호칭, 답장 시점, 내용 범위 이외에 이메일에서 서열을 드러내는 데 중요한 두 가지가 더 있다. 발신자 서명과 '참조', 즉 이메일을 같이 받게 될 사람이다.

간단한 것부터 보자. 만연된 수평적 반사와 달리, 이메일 끝의 몇 줄을 매우 진지하게 다뤄야 한다. 그것은 명함과도 같다. 그러므로 이메일 끝에 성을 빼고 이름만 적어선 안 된다. 또한 회사에서 맡은 직책도 빠트려선 안 된다. 단 발신자가 맡은 업무 내용에 대해서는 언급할 필요 없다. 남자들이 발신자를 진지하게 여기느냐 마느냐는 발신자의 직책 명에서 결정된다! 회사 내부적으로 직책 명을 쓰지 않는 경우라면, 적어도 학위를 명확하게 표기해야 한다. 대학에서는 '박사' 혹은 '교수'라고 밝히는 것을 쓸데없는 일로 여길 수 있다. 하지만 회사 업무로 이메일을 보내면서 직책이나 학위를 밝히지 않는 것은 매우 순진한 태도이다.

또한, '자동 답장 기능' 사용에 신중해야 한다. 자동 답장 문구 아래에는 서열을 드러내는 데이터가 없기 때문이다. 그러므로 자동 답장 문구 아래에 발신자의 서명과 직책을 복사해 넣는 수고를 아끼면 안 된다. 그것은 쓸데없는 수고가 아니다.

03

가상 세계의 지옥

이메일의 '참조'는 매우 중요한 기능을 한다. 발신자는 이것으로 이메일의 공개 범위를 결정할 수 있다. 이것으로 인해 그저 사소한 질문이나 가벼운 오해였던 것이, 조직 전체를 흔들어 놓거나 직장 내 입지에 해를 끼치는 고약한 스캔들로 바뀔 수 있다. 음모를 꾸미려는 직원은 다른 임직원들도 지금 다뤄지는 주제에 관심이 많을 거라는 추측을 구실 삼아, 가능한 한 많은 사람을 '참조'에 추가함으로써 계속해서 상사에게 압력을 가하려 한다.

만약 남자 직원이 동의도 구하지 않고 여자 팀장과의 의견 차이를 '참조'를 통해 전 팀원에게 전송한다면, 우선 쓸데없이 많은 '참조'가 팀장의 업무 효율을 과도하게 방해하는 것은 물

172 • 오만하게 제압하라 : 전략편

론이고, 권력 다툼 면에서도 아주 조심해야 한다. 남자 직원의 이런 행동은 절대 실수가 아니라, 팀장의 권위에 도전하는 구조적 공격임이 확실하기 때문이다.

| 이메일에서의 서열 역전 |

남자 직원이 여자 팀장에게 보낸 이메일 :

안녕하세요,
살펴보시고 의견 주시겠습니까?
뮐러 씀 (12쪽짜리 pdf파일 첨부)

(20분 뒤에)여자 팀장이 남자 직원에게 보낸 답장 :

안녕하세요,
보내준 자료는 잘 봤어요. 고마워요. 양이 꽤 많더군요. 그런데 다음과 같은 문제점이 발견되었어요.
첫째, 모든 규정이 수입이 아니라 오로지 수출에 관한 내용이고, 무엇보다 또한, 기타등등.

기타등등. 기타등등.

기타등등. 기타등등.

그러므로, 내가 파악한 바에 따르면, 보내준 자료는 현재 우리의 프로젝트와는 큰 관련이 없습니다. 미처 파악하지 못한 몇몇 관점이 더 있다면 모를까…….

안녕히 계십시오.
엘레오노레 서비스마이어

이 답장이 남자 직원에게 어떤 메시지를 줄지 생각해보라.

사례 하나를 보자. 한 대기업에서 여자 팀장이 여러 사람 앞에서 특히 팀원들 앞에서 타부서의 남자 직원으로부터 아주 비열한 방식으로 비판을 받았다. 당연히 이 모든 일이 하루아침에 갑자기 벌어진 건 아니었다. 그러나 타부서의 남자 직원이 뱉은 인격 모독적 어휘들은 확실히 선을 넘었다. 여자 팀장은 남자 직원에게 이메일을 보내 사죄하라고 요구했다. 남자 직원은 모든 비판을 간접 화법으로 상세하게 나열한 후, 그런 비판을 한 적이 없다고 조목조목 부인하는 답장을 보냈다. 이것은 여자 팀장에 대한 악랄한 공격임이 명확한데, 임직원 전부를 '참조'에 넣었기 때문이다.

비열하긴 해도 두 사람에게 한정되었던 갈등이 이제 전쟁으로 발전하여 회사 전체로 퍼졌다. 남자 직원이 임직원 전부를 '참조'에 넣을 수 있었던 것은, 당연히 그의 직속 상사가 암묵적으로 그것을 허용했기 때문이다. 이 전쟁이 어느 정도 마무리되기까지 1년 넘게 걸렸다. 결국 여자 팀장의 팀 전체가 본사를 떠나 지사로 자리를 옮겼다.

이렇듯 갈등 상황에서는 '참조'가 아주 막대한 집단심리적 힘을 발휘할 수 있다. 그러므로 리더는 가능한 한 일찍, 업무 영역에서 '참조'가 언제 어떤 규모로 필요한지를 명확히 규정해 놓아야 한다. '참조' 기능은 모든 직원이 각자의 취향에 따라 쓸 수 있는 것이 아니다. 규정은 상세하게 충분히 논의되어야 하고 모두와 공유되어야 한다. 기본적으로 두 사람의 갈등은 악화 가능성이 높은 이메일 형식이 아니라 언제나 두 사람이 직접 만나 둘만의 대화로 푸는 것이 원칙이다. 이 원칙을 어기는 것은, 경쟁사에 기밀정보를 알리는 행위 혹은 해킹 공격만큼이나 중대한 일일 수 있다.

나는 여성 의뢰인들로부터 멀티태스킹 자랑을 자주 듣는다. 남자들은 멀티태스킹을 아주 힘들어하지만, 자신은 여자라서 멀티태스킹 능력이 뛰어나다고 농담처럼 자랑한다. 그렇게 생각하게 된 계기가 뭐냐고 물으면, 대부분이 구체적인 대답을 내놓지 못한다. 실제로 이런 선입견은 비록 널리 퍼졌지만, 근거가 전혀 없는 소문에 불과하다. 멀티태스킹이 남녀 모두에게 어려운 부담임을 증명하는 과학적 연구 결과들이 아주 많다.

하지만 연구 결과와 반대로 업무 환경, 소통 기술, 신중하게 고안된 업무 과정은 멀티태스킹 능력을 전제 조건으로 요구하는 것 같다.

이메일·전화·문자·SNS 및 인터넷 정보들의 폭격에서 정기적으로 벗어나 있을 수 있는지, 아니면 이런 폭격에 완전히 굴복했는지에 따라 리더의 진짜 통제력이 결정된다.

2012년에 캘리포니아 컴퓨터공학자 글로리아 마크Gloria Mark는 컴퓨터 앞에 앉은 직원들에게 심장 박동 측정기를 연결했고,

모니터에 열린 창이 얼마나 자주 바뀌는지 관찰했다. 결과는 아주 명확했다. 계속해서 이메일을 확인한 사람들은 심장이 빨리 뛰었고, 지속적인 심리적 알람 상태에 있었다. 그 후 5일 동안 이메일을 확인하지 않자 심장 박동이 정상으로 돌아갔다. 이메일의 노예로 살 때 생길 수 있는 질병에 관한 연구와 더불어, 잦은 이메일 확인이 오히려 업무 능률을 떨어트린다는 증거들도 많다. 영국 학자들의 유명한 연구 결과에 따르면, 자주 이메일에 답장을 써야 했던 직원보다 마리화나를 피우는 직원의 생산성이 더 높았다.

멀티태스킹이 버거운 부담인 것은 사실이고, 과학기술이나 소프트웨어 생산자가 이것을 솔직하게 고백하기를 기대하기는 어렵다. 그러나 회사나 조직의 리더라면, 실질적인 효율성 때문에라도 이 사실을 인정해야 한다. 멀티태스킹을 전제조건으로 하는 업무 환경을 아무리 많은 사람이 긍정하고, 새로운 가능성을 여는 기술 발달과 소셜네트워크 때문에 반응 압박이 계속해서 상승하더라도 리더는 달라야 한다. 멀티태스킹의 부담으로 직원들이 방어 태세를 갖게 되면 원래 업무가 위험해질 수 있기 때문이다.

물론 인간은 아주 많은 일을 동시에 할 수 있다. 그러나 각각의 활동에 기울이는 주의력이 줄어들 수밖에 없고, 실수를 저지르더라도 크게 문제 되지 않을 때만 그렇다. 안타깝게도 기본적으로 여성 리더들이 이런 사실을 받아들이지 못한다. 정확히 여기에서 둘로 갈린다. 도구에 지배되어 전략적 사고를 끊임없이 방해받는 조수가 될 것인가, 아니면 한 가지 일에 집중하기 위해 휴대전화를 꺼두거나 가상 세계의 연옥에서 잠시 나와 있을 수 있는 지도자가 될 것인가?

드라큘라 조직

여성에게 불리한 조직 구조 대처법

01
기울어진 운동장에 선 여성

이 행성에는 아주 비싼 대가를 치러야만 살 수 있는 지역이 있다. 산소가 부족한 환경이라 막대한 기술 비용을 들여야만 숨을 쉴 수 있다. 공간이 너무 비좁아 교도소와 다름없는 곳임을 인정할 수밖에 없다. 물론 이런 악조건을 이겨내고 살아남을 수는 있다. 하지만 막대한 내적 비용이 들고, 때로는 지워지지 않는 상처도 얻게 된다.

개인의 힘으로 아무것도 바꿀 수 없는, 이미 기울어져 있는 불평등한 회사가 있다. 분명 이미 오래전부터 기울어져 있었을 터이다. 하지만 그 대신에 월급을 많이 주고, 어쩌면 직원 복지도 아주 좋을 수 있다. 동료들은 기울어진 운동장을 당연하게 생각하고, 그것에 동참해야 한다고 여긴다. 그들 역시 기울어진 운동장에 공헌하므로 어려울 것도 없다. 그러나 대개 그런 회사에서 의미 있는 업무를 하려면 막대한 노력이 필요하다.

불확실한 업무 처리, 지치게 하는 업무 과정, 에너지를 잡아먹는 회의. 원칙은 불투명하고, 변덕스러운 사장의 기분에 따라 결정이 종종 바뀐다. 어떤 상사가 어떤 직원을 일부러 따돌린다는 소문이 자주 돈다. 동료들은 그런 악조건을 지금까지 얼마나 잘 버텼는지를 약간 뻐기듯이 자랑한다. 그것은 부상 흉터를 자랑스럽게 내보이는 퇴역 군인의 자부심을 닮았다. 마치 그런 부상을 이겨내지 못하는 사람은 어려운 직장 생활을 할 만큼 '강하지 못하다'고 말하는 것 같다. 그러나 사실 이런 곳은 비인간적인 업무 환경을 돈과 전설로 입막음하려는 나쁜 회사에 불과하다.

첫 주에 바로 경고를 감지할 수 있다. 그러나 조직에 소속되고 싶은 욕구가 너무 커서, 이런 경고가 종종 무시된다. 의뢰인이었던 한 총괄이사 역시 지진계를 아주 오랫동안 못 본 체했다. 더는 무시할 수 없는 지경에 이를 때까지. 그녀는 회사 전체에 SAP 소프트웨어 시스템을 도입하는 프로젝트를 총괄해야 했다. 말하자면 데이터 기술 과정뿐 아니라, 회사 전체의 소통이 달린 매우 까다로운 작업이었다.

프로젝트 진행 상황을 논의하기 위해, 지난 몇 주 동안 매주

목요일에 IT 팀장의 주도 아래 모든 관련자의 SAP 업무회의가 열렸다. 그러나 언젠가부터 '업무 회의 없이도 잘 진행된다'는 이유로 더는 모이지 않았다. 어느 날 아침 총괄이사는 회의실 복도 앞을 지나다가 IT 팀원 세 명이 모여 있는 것을 보았다. '왜들 모였지?' 궁금했으나 그녀는 어차피 비서실로 가는 길이었던 터라 그곳에 가서 물었고, 업무 회의가 지금 다시 열렸다는 대답을 들었다. 그녀는 업무 회의 재개에 관해 아무런 보고도 받지 못했었다. 총괄이사는 화가 나서 곧장 회의실로 갔고, 이 회의를 소집한 장본인임이 틀림없는 IT 팀장에게 따졌다.

"이 프로젝트의 총괄자는 나인데, 어째서 내가 이 회의에 대해 아무것도 모르고 있는 거죠?"

IT 팀장이 진정하라는 제스처와 함께 친절하게 대꾸했다.

"오늘은 기술적인 세부 내용만 다룰 거라서, 굳이 이사님 시간까지 빼앗을 필요는 없었어요. 진행 상황을 논의하는 총회의였다면 당연히 이사님께 알렸죠."

다음 주에 IT 팀장은 '진행 상황을 논의하기 위해' 모든 관계자를 회의에 참석시켰다. 그러나 총괄이사는 이 일을 회의 이틀 뒤에 우연히 알게 되었다. 이제 총괄이사는 IT 팀장의 직속상사에게 가서, IT 팀장이 업무 처리 규정을 제대로 지키지 않으니 앞으로는 회의 일정이 잡히면 대신 알려 달라고 부탁했다. 효과는 0이었다.

그녀가 원래 참석해야 하는 업무 회의는 계속해서 열렸고, 그녀는 아무 연락도 받지 못했다.

이제 총괄이사는 누구에게 의지해야 할까? 그녀는 무엇을 잘못했을까? IT 팀장이 개인적으로 총괄이사에게 반감이 있었을 수 있고, 어쩌면 원래 여자들을 무시하는 사람일 수 있으며, 총괄이사가 자기도 모른 채 업무 시작부터 뭔가 실수를 했을 수도 있다. 그러나 IT 팀장의 전략 구조는 아주 전형적이다. 이른바 패싱 전략. 이런 전략은 주로 새로운 프로젝트팀이 구성되었다가 다시 해체되기를 반복하는 조직 구조에서 종종 사용된다. 사례에서처럼 통제 구조가 모호할 때 이런 전략과 조작이 난무한다.

패싱 전략의 희생양

여자 팀장의 남자 상사가 팀원들에게 여자 팀장을 무시하도록 부추길 때, 패싱 전략은 더 빈번하게 발생한다. 예를 들어 여자 팀장이 출장을 허락하지 않는 팀원이 있었다. 그런데 여자 팀장의 상사가 다음 회의에서, 그 팀원의 출장을 허락하라고 팀장에게 명확히 지시했다. 그리고 나중에 알게 되었는데, 그 팀원과 상사가 같은 동네에 사는 이웃이었다.

여자 팀장이 이끄는 특정 프로젝트가 진행되는 동안, 일에서 빠지기를 청한 사무보조원이 있었다. 그러나 사무보조 인력이 절실했기 때문에 여자 팀장은 요청을 거절했다. 그러자 여자 팀장의 상사가 회사 메일로 통보했다. 해당 보조원이 모월 모일부터 다른 팀에서 일할 것이라고. 그 보조원은 복도에서 여자 팀장을 만났고 승리의 미소를 보냈다.

부장과 클린치 상태에 있는 여성 임원이 있었다. 부장은 이 회사에서 벌써 20년이나 근무했고, 그녀는 이제 겨우 2년 되었다. 그녀가 대대적인 구조 변경을 시작했을 때(그녀가 채용된 것도 이 임무 때문이었다), 부장은 그녀 몰래 사주를 찾아가, 업무 변화를 꾀하는 여성 임원의 요구를 시급히 차단해야 한다고 부탁했다.

그런 식으로 여성 리더를 따돌린다. 패싱 전략으로.

| 상사를 이용한 패싱 전략 |

1단계

특정 사례에서의 개인적인 패싱 전략 – 주의하라!

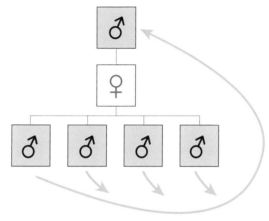

체계적인 패싱 전략 – 직원들이 상사를 인정하지 않는다!

조직 구조를 무시하는 패싱 전략은 리더의 권위를 침식할 수 있다. 실제로 어떤 팀장들은 그런 행위의 문제점을 알지 못한다. 그들은 순진하게도 자신의 상사는 왕이고, 왕은 뭐든지 해도 된다고 생각한다. 그러나 대다수는 그런 패싱이 어떤 효력을 내는지 아주 정확히 알고 있다. 패싱의 대상이 되는 누군가는 중기적으로 무능한 사람이 된다.

'나더러 이 일을 하라고? 부장님께 얘기하면 완전히 달라질 거야.' '그렇게 짧은 기한 안에 이 일을 마치라고? 어디 두고 보자고. 이사님께 부탁하면 달라질 거야.' 등등.

조직에서 이런 패싱 전략을 당연하게 여긴다면, 그것은 일종의 구조적 흡혈이자 체계적 조작이다. 계략이 아니라 실력을 중시하는 사람이라면 이런 조직에서 생활하기가 특히 더 힘들 것이다. 조직이 그들의 피를 빨아먹는다. 아무것도 남지 않을 때까지.

당연히 그런 조직은 자신을 드라큘라로 드러내지 않는다. 오히려 '분권화'를 내세우고, 혹은 매우 '민주적이고 사회적'인 척한다. 조직의 실체를 잘 알면서도 그곳에 안주하는 직원들이 더 열심히 이런 조작을 포장하고 거짓을 더 멀리 퍼트린다. 그러지 않으면 자신이 얼마나 기만적인지 고백할 수밖에 없을 테니까.

인사 관리가 특히 어려운 상황이라면, 리더는 당연히 '공식적인' 서열구조를 무시할 수 있다. 예를 들어 과장이 권력을 남용한다면, 사원은 과장에 대해 부장에게 불평할 수 있어야 한다. 직속 상사에 대한 불만을 얘기할 수 있는 누군가가 있고, 그 누군가가 서열구조를 무시하고 비상 브레이크를 당길 수 있어야 한다.

그러나 이것은 열심히 일하려는 직원을 제거하기 위해 계속 사용되는, 구조적으로 각인된 패싱 전략과는 완전히 다르다. 패싱 전략을 참고 견딤으로써, 결국 그것을 관행으로 만드는 리더는 조직에서 설 땅을 잃는다. 그러면 애석하게도 그 자리를 뜨는 수밖에 없다. 주로 여성 직장인들이 점점 더 관심을 가지고 매력을 느끼는 업무 기술적 아이디어가 있다. 바로 재택근무이다. 그러나 이것을 너무 순진하게 다루면, 자칫 패싱 전략의 희생자가 될 수 있다.

03

재택근무가 막다른 골목일 수 있다

재택근무는 육아 때문에 시간제로 일하고자 하는 여성 직장인에게 딱 맞는 해결책처럼 보인다. 탁월한 기술 발전 덕분에 집에서도 인터넷 전화, 메신저, 이메일 등을 통해 약속된 시간에 업무를 진행할 수 있다. 출퇴근 시간을 아낄 수 있다. 엉덩이가 아니라 머리에 월급을 지급하는 지식 사회에서 이보다 더 논리적인 해결책은 없는 것 같다. 아주 이상적으로 들린다. 그러나 실제로 이 해결책에는, 뒤처지지 않으려 애쓰는 사람들이 종종 불평하는 성별 요소가 포함되어 있다. IT 전문가 크라머의 사례가 그랬다.

나는 세미나에서 크라머를 만났고, 쉬는 시간에 그녀와 단둘이 대화할 수 있었다. 이 IT 전문가가 겪는 공개적인 갈등은 없었다. 그저 무력감과 뭔가 잘못되었다는 모호한 감정뿐이었다. 그녀는 원래 여덟 명으로 구성된 작은 팀의 보조자로 채용되어 시간제로 일했었다. 1년 뒤에 그녀는 '집에서도 맡은 업무를 손색없이 해낼 수 있을 거라고' 상사들을 설득하는 데 성공했다. 그 후로 집에서 일했다. 그 사이 그녀는 두 아이의 엄마가 되었고, 팀원은 스무 명으로 늘었다. 팀원 모두가 각자 전문 분야 하나씩을 책임졌다. 크라머는 여전히 집에서 일했고 중요한 일정이 있을 때만 출근했다.

아주 이상적으로 들리지 않는가? 그러나 크라머는 근심에 찬 얼굴로 한숨을 내쉬었다.

"내가 열심히 일하면, 그만큼 인정을 받고 의욕도 커질 줄 알았어요. 하지만 그렇지 않았어요. 업무만 자꾸 늘었고, 급기야 정해진 업무 시간 안에 끝낼 수 없는 지경에 이르렀죠. 지금은 완전히 의욕 상실 상태예요."

1년 전에 크라머는 업무 시간 연장과 월급 인상을 요구했고, 이미 충분히 많이 지급하고 있다는 답을 들었다. 사실 그녀는 자신에게도 승진할 기회가 있는지 묻고 싶었다. 그러나 상사는 그녀의 아이들에 대해 몇 가지를 물었고, 대화는 곧바로 사적인 차원으로 변했으며 월급 얘기는 뒤로 밀쳐졌다.

나는 크라머와 좀 더 심층적으로 대화했고, 그녀가 지난 2년 동안 사무실에 나간 적이 거의 없다는 사실을 알게 되었다. 1년 전에 회사에서 상사를 만났을 때, 그녀는 복도에서 여러 직원을 마주쳤는데, 처음 보는 사람들이 많았다.

수직적 세계에서는 영역 점령이 매우 중요하다. 그러므로 나중에 확인할 수 있도록 이메일이나 인터넷에 기록해 둔 업무 성과가 월급 인상이나 성과급, 혹은 승진을 요구할 충분한 근거라고 정말로 믿다가는 재난을 당할 수 있다. 결정권을 가진 데이터 수신자가 남자가 아니라 여자라면 분명 다를 터이다. 그러나 수직적 세계에서는 기술, 영역, 서열 면에서 계속 자신을 드러내지 않으면 부재로 통한다. 완전히 동의하기 어렵겠지만, 수직적 세계에서는 애석하게도 다음의 격언이 통한다. '눈에서 멀어지면 마음에서도 멀어진다.'

법무팀 여직원이 육아 때문에 시간제 재택근무로 전환하고 두 달에 한 번만 사무실에 출근하면, 그녀에게는 이런 근무 형태가 아주 유익할 것이다. 그러나 만약 그녀가 '커피타임 수다와 구내식당이 전혀 아쉽지 않다'고 진심으로 생각한다면, 미안하지만 그녀는 수직적 세계의 요점을 간과했다. 실제로 이런 상황 인식을 가진 사람은 영역 점령에서 배제되고, 서열 면에서 확실히 어려운 상황을 겪을 것이다.

당연히 재택근무는 업무적으로 제 기능을 할 수 있다. 그러나 앞에서 설명한 패싱 전략을 초래할 수도 있다. 대부분 수직적 구조인 직장에서 공간적 부재는 영역 부재로 통하므로, 재택근무하는 사람은 사무실에 출근하는 직원들의 보조자쯤으로 취급되기 쉽다. 그러므로 수직적으로 사고하는 남자 직원들이 재택근무자를 미래의 상사로 보지 않는 것은 당연한 결과일 수 있다.

유연하고 이동성이 높은 사람이라면, 재택근무를 통해 분명 개인적인 삶의 질이 향상됨을 느낄 것이다. 그러나 직업적 미래를 고려한다면, 이런 상황은 결코 장점이 아니다. 50세 이상 여성 임원들의 의욕 감소에 관한 연구에서 밝혀졌듯 재택근무는 근시안적이며, 애석하게도 수평적 세계 출신들이 종종 이런 오류를 범한다. 이를테면 그들은 이렇게 생각한다.

'수많은 남자 직원 때문에, 퇴근 시간 뒤에도 여전히 책상에 앉아 있는 한심한 출석 신화가 기업에 만연되었다.'

당연히 그냥 비효율적으로 자리만 지키는 동료들도 있다. 그 것과 별개로, 재택근무를 위험하게 보는 결정적인 이유가 있다. 바로 수직적 세계의 영역 반사 때문이다. 이것을 간과하는 사람은 당연한 결과로 문제를 겪을 수밖에 없다. 스탠퍼드대학과 베이징대학의 공동 연구에 따르면, 재택근무하는 직원의 승진 비율이 출근하는 직원들의 승진 비율의 절반도 안 된다. 사실 놀랍지 않은 결과다.

재택근무를 절대 하지 말라는 얘기가 아니다. 그러나 정기적으로 결정권자의 눈앞에 모습을 보이는 것이 실질적인 성과보다 더 중요할 수는 있다.

자유의 공식

교육이 부메랑이 될 때

01

언어에 갇히다

독일 학교 교육에서는 말하기 교육의 비율이 꾸준히 높아지고 있다. 학교에 다니면 언어 기술이 향상된다. 개별적인 예외가 있긴 하지만, 초중고에서 대학에 이르기까지 모든 학교는 언어적 표현력을 중시한다. 특히 지식 사회에서 언어적 표현력의 중요성 자체를 부정할 수는 없다. 그러나 그것의 활용을 비판적으로 반추하지 않으면, 아주 편협한 의사소통에 갇힐 수 있다. 특히 수평적 세계 출신이 언어에 무게를 두는 교육을 받았다면, 오직 언어만이 인간의 의사소통 방식이고 비언어적 소통 방식은 중요하지 않다는 잘못된 생각을 가질 수 있다. 이렇듯 교육이 진짜 부메랑이 될 수 있다. 그러면 그들은 수직적 세계 대표자와 직접 마주했을 때, 비언어적이지만 언어만큼 가치가 높은 의사소통 방식이 존재하고 몇 마디 말, 혹은 심지어 말하지 않고도 의사를 전달할 수 있다는 사실을 전혀 이해하지 못한다.

어려서부터 이런 언어 교육을 받은 탓에, 갈등 상황에서 가장 단순한 표현 몇 마디만 말하고 심지어 그것을 반복하라고 조언하면, 여성 의뢰인들은 몹시 어려워하고 자신이 바보가 된 기분을 느낀다. 그냥 너무 짧다는 것이다. '너무 원시적이잖아요?' 그러나 소통 방식의 지평을 조금만 더 넓히면, 일상에서도 언어적 표현이 소통 방식의 한 부분에 불과하다는 사실이 명확해진다.

중요한 주제를 다루는 경우라면, 여자들도 단순하거나 비언어적인 표현을 불평하기는커녕 오히려 더 좋아한다. 예를 들어 연인의 대화를 보자. 세부적인 정보와 상세한 설명으로 과연 사랑의 속삭임이 가능할까? 사랑은 스킨십, 눈빛, 가장 단순한 말에서 피어난다. 부모와 자식의 관계에서도 마찬가지다. 아직 걸음이 서툰 어린아이가 넘어져 무릎이 까졌고 바닥에 주저앉아 울고 있을 때, 엄마가 헤모글로빈과 피의 응고에 대해 아이에게 설명할까? 그럴 리가 없다. 엄마는 몸을 숙여(무브토크), 아이를 품에 안고(무브토크) 가장 단순한 말들로 아이를 달랜다.

"저런, 아프구나. 엄마가 호 해줄게. 그러면 금세 싹 나을 거야……. 그럼, 그렇고말고! 금방 멎을 거야……."(베이직토크)

직장 내 갈등 상황은 이런 장면과 근본적으로 다르다고 말하고 싶은가? 물론 그때의 감정들은 완전히 다르다. 그러나 에너지 효율 면에서는 아주 비슷할 수 있다. 그러므로 배우지 못한 사람처럼 구는 남자 동료에게 단순한 어휘를 쓰는 것을 교양인의 수치로 여길 필요 없다. 이런 상황에서 가장 효율적인 기술은 화려한 언변이 아니라 짧은 단어(그리고 적확한 단어!), 전략적 침묵, 의도된 시선, 계산된 몸동작의 복잡한 앙상블이다. 언어적 표현과 비언어적 표현은 우열을 가릴 수 있는 기술이 아니다. 훌륭한 글이 있고, 훌륭한 공연이 있다. 전혀 다른 두 장르를 단지 사용된 단어 수, 혹은 독창성이라는 하나의 잣대로 재단하는 것은 무의미하다.

그러므로 효과만 있다면 단순해지는 것을 두려워 말라! 무브토크나 베이직토크는 단지 간단해 보일 뿐, 결코 단순한 소통 방식이 아니다. 사실은 매우 복합적인 다른 차원의 소통 방식이다.

02

스토퍼 고무판 단어들

갈등 상황에서 주도권, 자유, 주체성, 우월성을 드러낼 수 있음에도 기본적으로 여자들로부터 완전히 과소평가되는 단어들이 몇 가지 있다. 이 단어들은 직장에서 남자들로부터 업무와 무관한 공격을 받을 때 쓸 수 있는 효과적인 방어 수단이다. 그러나 여자들은 이런 식의 방어를 기이하게, 혹은 우스꽝스럽게 여긴다. 반면 이런 식의 방어를 받은 남자 공격자는 상대가 만만치 않음을 즉시 알아차린다.

그러나 이런 단어들을 효과적으로 사용하려면 세 가지 조건을 채워야 한다. 말하자면 검을 휘두르기 전에 손 보호대를 착용해야 한다. 첫째, 아주 진지하게 말하고, 차가운 미소 혹은 무표정을 유지해야 한다. 둘째, 물어보는 억양은 절대 안 된다. 반드시 끝을 내려 단호함을 보이고 다른 말을 덧붙여서도 안 된다. 셋째, 빠르게 말해선 절대 안 된다. 이런 단어들은 천천히 말할 때만 효과가 있다. 이 세 가지 조건을 채운다면, 이런 단어들은 자동차 충돌 테스트에서처럼 스토퍼 고무판 구실을 한다. 이 단어들은 반드시 큰 소리로 말해야 한다. 들리지 않게 작게 하거나 머리로만 생각해서는 그 힘이 발휘되지 않는다. 이것은 공간의 단어, 무대의 단어이다.

- 아-니-요.
- 네-.
- 물-론.
- 그-만.
- 아-하.
- 잠-깐.

길어야 3음절이다. 여럿이 모인 회의실에서, 혹은 단둘이 있는 사무실에서 발생하는 기습 공격의 75퍼센트 정도는 이런 황금 단어들을 이용해 즉각 효과적으로 방어할 수 있다.

그러나 이때 (아무리 견디기 어렵더라도) 이 단어들 뒤에 어떤 설명도 근거도 '절대' 덧붙여선 안 된다. 이 단어들이 그냥 허공에 떠 있게 돼야 한다.

"이봐, 당신이 제안한 기한보다 훨씬 더 빨리 끝낼 수 있잖아. 그 정도는 누구나 다 할 수 있다고!"

정색한 표정으로 천천히 크게 말하라.

"아-니-요."

"다른 부서는 말이야……."

"아-니-요."

이 말 뒤에 '절대' 근거를 덧붙여선 안 된다.

반면, 수평적 세계에서는 계속해서 근거가 제시되고 주장들이 점점 더 많아진다. 당연히 남자들도 맘만 먹으면 그렇게 할 수 있다. 그러나 '서열 싸움'에서는 객관적 토론이 단지 가면으로만 사용된다. 이럴 때는 객관적 내용의 대답이 전혀 중요하지 않다. 오히려 그것이 다음 공격의 빌미로 이용될 수 있다. 그러므로 이렇게 짧게 부정하고 끝내는 것이 더 효과적이다. 이런 반응은 공격의 허리를 잘라 버린다.

"이제 아니요 소리는 그만하고, 제대로 얘기를 해볼까?"

"아-니-요."

무표정. 이런 반응이 우스꽝스러운가? 여자들만 그렇게 여긴다.

그러나 주의하라! 어떤 상황에서든 '여성과의 소통'에서는 이런 방식을 아주 신중하게 써야 한다! 잘못하면 당신이 오히려 궁지에 몰리고, 어쩌면 거기서 더는 빠져나오지 못할 수 있다.

남자들과의 갈등에서 반드시 뭔가를 상세하게 설명해야 한다면, '오만함의 전략' 몇 가지를 사용하라. 성곽에서 백성들을 내려다보는 여왕처럼 말하라. 그것은 냉철한 거리 두기 공식이다. 그것으로 당신은 '첫째 어떤 의견을 거부하고, 둘째 그것을 수용할 의사가 전혀 없으며, 셋째 앞으로 더는 그것에 대해 말하고 싶지 않음'을 아주 명확하게 전달한다. 다음의 표현들 역시 원하는 만큼 자주 반복해도 된다. '단' 아주 천천히, 적절한 정적을 넣고, 미안해하는 겸연쩍은 미소를 지어선 안 된다.

- 나는 생각이 다릅니다.
- 바꿀 생각 없습니다.
- 관련 내용이 아니네요.
- 그렇지 않습니다.
- 저는 다른 입장입니다.
- 별로네요(내가 보기에 별로네요, 라고 해선 안 된다).
- 무슨 얘긴지 알아들었어요.
- 그 얘긴 안 들은 셈 칠게요.

여기서도 근거를 제시하거나 상세한 추가 설명은 아주 예외적인 경우에만 사용한다. 합리화의 덫에 걸리는 순간 당신은 이미 졌다!

또한 추가된 질문도 마찬가지다. 갈등 상황에서 질문은 상대 방 남자에게 '하던 대로 계속 공격해도 된다'고 격려하는 것과 같다. 갈등 상황에서 의문문은 음성학적 억양만으로도 벌써 후 퇴 준비 혹은 서열 포기로 이해된다. 갈등 당사자가 갈등에 적 극적으로 나서지 않고 그저 업무적 차원으로 돌아가려고만 할 때도 마찬가지다.

'나한테 지금 물어보는 거야? 그렇다면 내가 세상에 대해 한 수 가르쳐 줄 테니 잘 들어, 애송이야!'

사태 파악이 확실히 되기 전에는 아무것도 묻지 말라. 상대방 이 당신을 존중하고 상황이 다시 지성적이고 전문적인 차원으 로 전환되면 그때 비로소 질문하라.

03

비폭력 대화의 적합성

이쯤에서 잠시 여자들이 크게 공감하는 소통 개념을 짧게 살펴보자. 바로 마셜 로젠버그Marshall B. Rosenberg의 '비폭력 대화'인데, 이것을 위해 나는 잠시 물러나 있어야 한다.

20세기 중반에 '인본주의 심리학'이라는 대규모 심리학 운동이 탄생했는데, 그것은 프로이트의 고전 정신분석학과 의도적으로 경계를 두었다. 인본주의 심리학은 수많은 획기적인 발견을 이룩했고, 오늘날 주류 심리학이 되었다. 인본주의 심리학의 탄생을 도운 산파는, '인간 중심 치료'를 개발한 칼 로저스Carl Rogers였다. 비록 로저스는 비언어적 신호의 중요성을 알았지만, 그의 전반적인 방법은 참여자의 언어적 대화를 중심으로 했다.

로저스는 이때 도달하는 대화의 질을 '공감', '이해하는 경청'이라 불렀고, 당시에 이미 '존중'이 중심 개념이었다.

마셜 로젠버그는 칼 로저스의 제자였다. 그는 '비폭력 대화'에서 스승의 접근법을 심화했다. 기본적으로 경청할 준비가 되었고 갈등 당사자들의 소통 수준이 같다면, 비폭력 대화는 매우 효과적인 소통 방식이다. 그러나 상대방이 내 말에 귀를 기울이게 하여 비폭력 대화를 나눌 수 있는 실질적인 방법에 대해서는, 칼 로저스도 마셜 로젠버그도 중요하게 다루지 않았다.

그런데 조직 내 여러 권력 갈등에서는 애석하게도 '이해하는 경청'을 기대하기 어렵다. '이해하는 경청'은 이미 마련된 현실이 아니라 '목표'이다. 둘을 혼동해서는 절대 안 된다.

무브토크로 서열을 방어하고 상대방이 필사적으로 애쓰는 하이토크 차원에 절대 들어서지 않는 사람과 대립할 때, 로젠버그의 방법을 순진하게 사용하는 사람은 최악의 상황을 직면하게 될 것이다. 무브토크 차원에 있는 사람과의 갈등 상황에서 로저스와 로젠버그가 권하는 소통 방식, 즉 개인적인 감정 표현, 재질문, 부탁, 자신의 관심사 호소는 정말로 아무런 도움이 안 된다. 이 소통 방식이 기본적으로 나빠서가 아니라, 그냥 너무 일찍 등장했기 때문이다. 상대방은 아직 경청할 준비가 되지 않았다!

로저스와 로젠버그는 데보라 태넌의 '수평적 소통'과 '수직적 소통'에 대해 아직 알지 못했다. 역사적으로 태넌이 훨씬 뒤에 등장한다. 로저스와 로젠버그의 방법을 신뢰하는 사람은 지난 40년 동안 어떤 새로운 발견들이 추가되었는지 확인하고 지식을 업그레이드해야 한다. 로저스와 로젠버그는 언어성을 대화의 궁극적 요소로 보았고, 그래서 그들은 (애석하게도 의식하지 못한 채) 오로지 수평적 차원에만 있다.

그러므로 '비폭력 대화'는 정치적으로 완벽하게 올바른 세계에서만 적합하다. 그러나 비언어적 차원에서 소통하는 남자들과의 갈등에서도 과연 효과가 있을까? 나는 회의적이라고 본다.

04

주장과 역겨움

의도적인 느림과 전략적인 침묵의 반응이 직장 내 개인적인 훼방꾼에게 얼마나 효과적인지를 나는 《오만하게 제압하라》에서 상세하게 설명했다. 그러나 특히 학력이 아주 높은 여자들이 이런 대처법에 여전히 거부감을 보이므로, 나는 여기서 다시 한번 단순한 언어적 표현('스토퍼 고무판 단어들' 참고)과 앞에서 언급한 오만함의 전략('성곽에서 내려다보며 말하기') 그리고 느림의 전략으로 구성된 대처법을 상세하게 설명하고자 한다.

여기서 새로운 관점 하나가 더 추가된다. 그것 역시 복잡함과는 거리가 멀고, 또한 의도적으로 아주 평범하고 지루하며, 특히 언어 대가들에게는 극단적으로 허술해 보인다. 우리는 이미 여러 사례에서 이런 대처법을 만났었다. 예를 들어 책상 하나에 남자 셋 여자 하나가 모여 앉았고, 여직원이 계속 같은 말만 반복하는 방식으로 대처했던 사례를 기억할 것이다. '90 (정적) 퍼센트'.

베이직토크는 아주 평범해 보이지만, 매우 효과적이다. 하인리히 폰클라이스트Heinrich von Kleist가 독일 민족에 대해 체념하듯 말한 유명한 발언이 있다. '독일 민족은 세 번 말하면 그것을 믿는다.' 이 명언에서 '독일 민족' 대신 '수직적으로 소통하는 동료'를 넣어도 정확히 맞다. 이런 동료의 공격에는 짧게 '아니요'라고 말하며 자신 있게 미소를 지어라. 그럼에도 계속해서 공격하면, 정확히 똑같은 대답을 반복하라. 그리고 다시 반복. 필요하다면 더 강렬하게 더 천천히 정확히 똑같은 톤으로 반복하라. 단, 효력이 아주 막대하므로 과용해선 안 된다. 만약 상대방이 화를 내면, 아주 차분하게 설명하면 된다.

"당신이 나를 공격했고⋯⋯, 그래서 대답하는 겁니다."

반복. 그게 전부다. 그러나 같은 말만 반복하기란 쉽지 않다. 경험으로 볼 때 학력이 높은 여자들이 특히 힘들어했다. 그러나 반복 전략은 확실히 효과가 있다! 고전적인 수사학자들이 이미 이런 메커니즘을 알았다. 그들은 이런 반응을 지적이지 않다고 여겼고 인정하고 싶지 않았지만, 결국 감탄하며 효력을 인정할 수밖에 없었다. '역겨운 방식'이지만 효과적이다. 그러므로 학위,

명인 인증서, 도스토옙스키 지식, 과학 기술 노하우, 경영학 지식, 바로크 문학 지식 등등이 아무리 많더라도, 그냥 단순한 대답을 반복하라. 반복에 제한은 없다. 역겨움을 느끼는 쪽은 당신이 아니라 상대방이다.

이론 얘기를 너무 많이 한 것 같다. 좋은 마무리를 위해 사례도 하나 보자. 임산부와 남자 동료 사이에 벌어진 일이다. 임산부의 이름은 리들린이고 직책은 부장이다. 리들린은 임신 6개월이었고, 육아 휴직과 복직 시기를 직속 상사와 이미 협의했다. 그녀가 복도를 지날 때 동료가 다가왔다. 그는 50세 전후 남자이고, 이름이 부트케이다. 리들린이 부트케에게 인사했고, 그 역시 정중하게 인사를 건넸다. 그리고 두 사람은 스몰토크를 주고받았다. 출산 후 곧 복귀할 거라고 리들린이 말했고, 부트케가 한 걸음 다가서서 그녀의 오른쪽 팔뚝을 토닥이며 약간 동정 섞인 어투로 말했다.

"아가씨, 한번 두고 보자고, 곧 알게 되겠지."

그리고 그는 가던 길을 갔다.

이 일은 7년 전에 있었다. 그러나 7년이 지난 지금도 여전히 리들린은 이런 얕잡아보는 토닥임과 '아가씨'라는 호칭으로 무시해서 부른 것에 화가 났다. 우리는 재현을 통해 여러 대안을 시도해 보았지만, 부트케의 태도는 달라지지 않았다. 그런데 부트케가 리들린을 토닥이며 아가씨라고 부른 것이, 리들린의 느낌과 달리, 무시의 의도가 없었다는 사실이 은연중에 밝혀졌다. 즉흥 재현의 오랜 규칙('명확한 사실을 말하라')을 리들린이 명심한 뒤로 마침내 진전이 있었다. 두 사람이 다시 복도에서 만났고 다시 일상적인 스몰토크가 오갔다. 다시 얕잡아보는 토닥임과 '아가씨'라는 호칭이 나왔지만, 이번에는 리들린이 자신의 불룩한 배에 양손을 올리고 천천히 큰 소리로 명확하게 말했다.

"나는… 임산부… 예요(이때 리들린은 무표정한 얼굴로 부트케를 빤히 보았다)."

부트케가 살짝 당혹스러운 표정으로 그녀를 보았다. 그때 리들린이 한마디를 덧붙였다.

"그리고… 8개월… 뒤에… (살짝 긴 정적) … 나는… 다시… 여기로 올 겁니다."

이제 부트케는 아주 진지하게 고개를 끄덕였다. 두 사람은 짧게 작별 인사를 하고 각자 가던 길을 갔다.

나는 스파링파트너에게 물었다.

"뭔가 달라진 게 있나요? 이번 재현과 지금까지의 과정 사이에 어떤 차이점이 있죠?"

그가 대답했다.

"약간 바보가 된 기분이에요."

그게 무슨 뜻인지 다시 캐물었고, 그가 대답했다.

"그러니까, 조금 전까지는… 나보다 확실히 밑에 있었고 별로 중요한 사람도 아니었어요. 그녀가 정말로 돌아올 거라고 믿지 않았죠. 하지만 지금은 달라요. 그녀는 이제 더는 상냥하지도 않네요."

나는 다시 캐물었다.

"이제는 그녀가 정말로 돌아올 거라고 믿나요?"

"당연하죠. 반드시 돌아와요. 다른 여자들은 몰라도 그녀는 꼭 돌아와요."

확실히 리들린은 이제 부트케에게 '아가씨' 그 이상이 되었다. 이제 상냥한 여직원은 사라졌다. '오늘날 남녀는 평등해요. 그러므로 부트케 씨 당신의 발언은……' 이런 식의 객관적이고 도덕적인 주장과 정보의 나열과는 완전히 다른 방식으로 리들린은 그것을 해냈다. 단순한 언어성만으로는 부트케의 수직적 세계에 메시지를 그토록 강렬하게 전달하지 못한다.

수직적 세계의 위대한 롤 모델인 존 웨인John Wayne이 가장 명확하게 표현했다. 신인 배우 마이클 케인Michael Caine이 처음으로 작은 성공을 거뒀을 때 이 유명한 스타가 그에게 충고했고, 케인은 그의 말을 평생 충실히 따랐다(그래서 결국 스타가 되었다).

"너에게는 큰 미래가 있어. 하지만 명심해. 천천히 말하고 쓸데없는 말을 너무 많이 하지 마."

더 보탤 말이 없다! 유능한 여자들도 이 충고를 따를 수 있다.

외계인에게 가는 문

남성 집단 접근법

01

유대감과 축구

외부자들은 무슨 일인지 정확히 묘사하기 어렵지만, 내부자들은 무슨 일인지 즉시 알아차린다. 남자들끼리 모여 뭔가를 함께 한다. 그 무언가는 설명하기 어려운 방식으로 그들의 유대감을 높인다. 신호를 이해하지 못하는 사람은 금세 배제된 기분을 느낀다. 그러나 이런 기분은 종종 오해인데, 남자들이 즐겨 사용하는 소통 방식으로 잠시 바뀌었을 뿐, 누군가를 배제하는 건 아니다. 남자들의 소통 방식에 곧바로 동참할 준비가 된 사람은 환영을 받겠지만, 그렇지 못한 사람은 멀찍이 떨어져 있는 편이 더 낫다. 여자들만 모인 집단에서도 이와 크게 다르지 않다.

실제 사례 하나를 보자. 중견 기업의 (여자) 임원인 라이저는, 경쟁사의 (남자) 임원이 거래처 사장을 분데스리가 VIP 라운지에 초대했고, 거래처 사장이 축구를 아주 좋아했다는 정보를 입수했다. 라이저는 축구에 관심이 없었다. 그러나 이 정보를 들은 후 곰곰이 생각했다.

'두 남자가 축구 경기를 본 것뿐이야, 신경 쓸 것 없어! 아니야, 축구 관람이 확실히 계약에 영향을 미칠 테니 축구 세미나라도 참석해서 관련 지식을 쌓는 게 좋을까?'

당연히 라이저는 축구를(혹은 다른 스포츠를) 이용해도 된다. 다만 모르는 것을 아는 척 연기해선 안 된다. 열정적인 팬처럼 해박한 지식까진 아니더라도, 최소한 상식에 속하는 기본 지식 정도는 알고 있어야 한다. 예를 들어 언제 '코너킥'이 주어지는지, '스로인'이 무엇인지 알아야 한다. 최소한 기본 규칙과 득점 방법을 알아야 한다. 각각 11명으로 구성된 두 팀이 경기장에서 상대편 골에 공을 넣기 위해 싸운다는 것을 알아야 한다(그리고 유치하다고 무시해서도 안 된다). 또한 1부 리그와 2부 리그가 있다는 사실도 알고 있어야 한다. 순위를 줄줄 꿸 필요는 없다. 남자 축구보다 여자 축구에 대해 더 많이 아는 것도 괜찮다.

어차피 개인적으로 이런 스포츠에 관심이 없다면, 민속학적 관점에서 관대하게 바라보기를 권한다. 외부자에게는 기이해 보이지만 특정 부족에게는 아주 중요한 의식이 있을 수 있다. 그렇게 생각하면 아무리 기이한 의식이라도 선입견 없이 받아들일 수 있다. 어떤 의식이든 절대 깔보거나 조롱해선 안 된다. 그것이 자칫 부족 구성원을 자극하여 격렬한 반응을 초래할 수 있기 때문이다.

기본적으로 이것은 라이저 개인의 문제가 아니라, 계약이 걸린 비즈니스다. 계약을 성사시키려면, 상대방의 욕구를 알아야 한다. 상대방이 남자이고 그가 축구에 관심이 있다면, 축구 관람 초대를 주저할 필요 없다. 카니발 팬이라면 그쪽으로 접근해도 무관하다. 어차피 사람은 다 다른데, 안 될 게 뭐란 말인가!

수평적 세계 출신이라도 이런 수직적 소통에 아주 자연스럽게 동참할 수 있는 여자들도 있다. 그러나 회사 내 축구 광팬들과 자연스럽게 어울리고 권위를 인정받는 여자들은, 그렇게 하지 못하는 여자들로부터 시기와 질투를 받을 수 있다. 최악의 경우 죄인 취급을 받고 심지어 죗값을 치러야 할 수도 있다. 이때 따라야 할 좌우명은 하나뿐이다. 왕관을 똑바로 쓰고 가던 길을 계속 가라!

그러나 여성 의뢰인들이 힘겨워하는 상황은 더 있다.

02

—

술자리 이야기

이런 상황을 분명 잘 알 터이다. 연수, 계약 체결, 비즈니스 미팅 등 공식 일정이 끝났다. 공적으로 만난 사람들은 공식 일정을 소화하는 과정에서 이렇게 저렇게 서로를 알게 되었고, 약간은 힘들기도 했다. 그러니 이제 '편안한 뒤풀이'를 누릴 차례다. 분위기 좋은 데서 한잔!

남자들은 이런 자리에서 특히 두 가지를 중시한다.

a. 편안한 분위기
b. 중요한 서열 신호를 교환할 기회

여자들이 대개 생각하는 것과 달리, 남자들은 이런 자리에 여성이 끼는 것을 기본적으로 불편해하지 않는다. 다만 이때 여자들이 주의해야 할 규칙이 몇 가지 있다.

- 다른 사람들과 똑같이 마실 필요는 없다. 모임이 끝날 때까지 포도주나 주스를 딱 한 잔만 마셔도 전혀 상관없다.
- 다른 모든 것과 마찬가지로 술자리 역시 마음가짐에 달렸다. 당당한 주체의식으로 참석해야지, '미안합니다. 괜히 끼어서 방해하는 건 아닌지 모르겠네요'라는 마음가짐이어선 안 된다. 이런 자리에서는 기본적으로 '자리를 채우는' 모두가 환영받는다. 그러나 여자들만 모이는 자리에 남자가 끼는 상황이라면 약간 다르다. 그리고 사적인 질문을 심문당하듯 받거나 공격을 받을 수도 있는 자리라면 참석해도 좋고 빠져도 괜찮다. 정치적으로 생각하면 이런 자리는 직장 생활에서 좋은 기회일 수 있지만, 늘 불편하기만 하면 차라리 참석하지 않는 편이 더 낫다. 다른 곳에도 기회는 있을 테니까.
- 남자가 다수인 환경에서는 매사에 적극적으로 참여하고 동참해야 한다. 그러지 않으면 금세 변두리로 밀려난다. 그러나 적극적인 참여가 말을 많이 해야 한다는 뜻은 아니다. 또한 수직적 세계에서는 실력 자랑이 아주 정상일 뿐 아니라 심지어 요구된다. 수평적 소통 문화에 익숙한 여자들은 그것을

오히려 걸림돌로 여기겠지만, 이런 술자리에서는 완전히 정상이고 약간의 각색과 과장도 허용된다! 특히 대표이사, 임원, 중요한 투자자 등 서열이 아주 높은 사람이 동석했다면 더욱 그러하다.

- 이런 자리에서는 누군가 성적인 농담을 하고 심지어 여성을 비하하는 음담패설이 오갈 수 있다. 그런 일이 벌어질 수 있음을 미리 계산하고, 노련한 전투복을 준비해야 한다. 그런 자리에서 오가는 여성 비하적 농담에 격분하여 정치적 올바름을 운운하는 반응은 좋은 선택이 아니다. 그렇게 반응하면 분위기를 망치는 여자가 되고, 어느 시점까지는 하수로 취급된다. 이런 경우에는 똑같이 남성 비하적 농담으로 받아쳐야 한다. 실제로 그런 농담이 정말로 있다! 인터넷에서 영어로 검색하면 그런 농담을 쉽게 찾을 수 있다. 몇몇 외국어 인사말과 마찬가지로, 그런 농담도 몇 개 레퍼토리로 갖고 있어야 한다.

- 옆자리에 앉은 동료나 상사의 성추행은 반격하기가 아주 까다로운 문제이다. 제1규칙, 회피해선 안 된다!(만취 상태가 아닌 이상, 우연한 접촉인지 성적인 의도가 담긴 접촉인지 바로 감지할 수 있다) 이런 술자리에서는 남자들끼리도, 서로 낯선 사이라도, 신체적 접촉이 있을 수 있다. 그러니 패닉에 빠지지 말라! 나는 언제나 이것을 역설했고 이제 다시 강조하건

대, 직장에서(그리고 또한 술자리에서) 여성과 남성 사이에 기본적으로 신체 접촉이 허용된다. 그런 신체 접촉이 성추행으로 오해를 받느냐, 적절한 거리감으로 해석되느냐는 접촉의 강도와 공개성에 달렸다. 예를 들어 다음과 같은 신체 접촉은 오해의 소지를 남기지 않으면서 상대방의 신체 접촉을 적절히 방어할 수 있다. 상대방의 어깨에 손을 올리고 뒤로 밀어내라. 이때 다음에 주의해야 한다.

a) 아주 천천히 하라.
b) 당당하게, 필요하다면 냉정한 미소와 함께(매혹의 미소가 '아니다!' 두 미소는 완전히 다르다!).
c) 아주 단호하고 강한 접촉이어야 한다. 절대 부드러운 손길이어선 안 된다.

사례 하나를 보자. 남자 A가 여자 B 옆에 앉았다. 밤 11시다. A는 이미 살짝 취했고 B는 아직 말짱하다. A는 B에게 점점 바짝 다가와 앉으며 성적 암시를 보낸다. 이때 B가 할 수 있는 반응은 다음과 같다. 오른손을 들어 A의 어깨에 올리고 명확히 감지되도록 손의 압력을 서서히 높이며 우월한 미소와 함께 아주 천천히 말한다. '이제 축구 얘기나 할까요?' 혹은 '당신은 나의 동료일 뿐이에요. 그 이상은 아니죠.' 혹은 '머리에 개구리를 이고 다니는 남자 얘기 알아요?' 등등.

　이때는 태도, 목소리의 톤과 크기, 그리고 분리 메시지를 전달하는 유머보다는 실질적인 전달 내용이 더 중요하다. 특히 술에 취해서 신경학적으로 지각 능력이 실제로 약해진 남자 동료라면, 그가 이제 물러나야 할 때임을 깨달을 때까지 같은 메시지를 짧은 간격으로 계속 반복해야 할 것이다. 여자들은 대개 이런 상황에서 가능한 한 말을 많이 하고 또한 아주 논리 정연해야 한다고 착각한다. 그것은 심각한 실수다. 이런 상황에서는 상대방이 다시 거리를 둘 때까지 같은 말을 천천히 명확하게 여러 번 반복해야 한다. 그것을 창피하게 생각해선 안 된다.

03
남성과 서열 · 영역 표시

회의 중간에 잠깐 쉴 때, 혹은 대규모 행사장 휴게실에 남자들끼리 모여 있으면 여자들은 남자들 주변에 눈에 보이지 않는 장애물이 설치되어 그것을 넘어 끼어들기가 특히 어렵다고 생각한다.

그런 소소한 상황에서도 벌써 '서열'과 '영역'이라는 두 소통 축이 효력을 낸다('수직적 언어 체계의 소통 축' 참고). 남자들 몇몇이 소그룹으로 모이는 순간 작은 영역이 형성된다. 이 영역에 발을 들이려면 (설령 그저 임시적인 영역이라도) 먼저 영역의 주인에게 가서 정식으로 의식을 거쳐 그의 '영토'에 들어가도 되는지 허락을 받아야 한다. '의식을 거친다'는 말은 허락이 떨어질 때까지 실제로 기다려야 한다는 뜻이 아니다. 다가가서 질문만 하면 된다. 그저 형식적으로 지나가는 말처럼 던지는 질문이어도 괜찮다. 이런 의식을 거쳐 허락을 구하지 않더라도 당연히 옆에 가서 설 수 있겠지만, 분명히 암묵적 배제를 당할 것이다. 그러면 옆에 같이 있더라도, 남자들은 자기들끼리 뭔가 다른 얘기를 하고 당신을 투명 인간 취급할 것이다.

말하자면 의식 차원에서 던지는 '영토 질문'은 진짜 질문이 아니라 존중의 표시이다. 여기가 너희들의 영역임을 나는 알고 그것을 인정한다. 그리고 실제로 이런 질문은 수직적 소통에서 통용되는 정중함의 표현이다.

수직적 세계에서 영역은 테이블 주변 혹은 소그룹이 실제로 차지한 공간이 아니라, 2~3미터 전에서 벌써 시작된다. 말하자면 영역 상호 작용이 거기서부터 이미 시작된다.

물리학 학회의 쉬는 시간을 구체적으로 상상해보자. 물리학자들은 방금까지 발표를 들었고, 이제 간이 카페에 삼삼오오 모여 에스프레소를 마시며 이런저런 얘기를 나눈다. 아는 사람이 아무도 없는 엘딩어 박사(젊은 여성 물리학자)는 조심스럽게 남자들이 모여 있는 테이블로 다가가 짧게 인사를 하고 대화에 낄 수 있기를 희망한다. 그러나 그녀는 무시되고 꿔다 놓은 보릿자루처럼 주변에 서서 눈길조차 받지 못한다.

이런 장면을 이미 여러 번 경험한 엘딩어 박사는 좌절하여 내 세미나에 왔다. 우리는 여러 스파링파트너와 함께 대안이 될 만한 행동 방식을 연습했다. 나는 남자들의 소통 주제 두 가지를 상기시켰다. 즉 '영역'과 '서열'을 드러내는 뭔가가 있어야 한다. 실패의 원인을 깨달은 엘딩어 박사는 재현에서 처음부터 다르게 했다. 그녀는 커피를 마시는 세 남자와 눈을 똑바로 맞추면서 곧장 그들에게 다가가 큰 소리로 물었다.

"안녕하세요, 신사 여러분, 혹시 빈자리가 아직 남았을까요?"(빈자리가 뻔히 다 보이더라도!) 동의하는 웅얼거림. 이제 커피 잔을 들고 가까이 가서 명확하고 당당하게 자기소개를 했다. 이름만 말하지 않고 직책까지! 세 남자는 이미 이것을 좋게 여겼다. 그러나 뭔가가 아직 부족했다. 그러나 남자들은 그것이 정확히 무엇인지 말할 수 없었다. 그래서 두 번째 시도.

엘딩어 박사가 다시 남자들에게 다가갔지만, 이번에는 1.5미터쯤 떨어진 곳에서 벌써 크고 상냥하게 물었다.

"안녕하세요, 신사 여러분!"

이번에는 아주 명확한 언어적 반응을 얻었다.

"물론이죠, 와서 앉아요."

세 남자는 이번 접근을 더 좋게 여겼다. 반면 엘딩어 박사는 약간 어색하고 불편했다.

반대 상황을 상상하면 요점이 명확해진다. 여자 셋이 모여 커피를 마시면 그들은 오로지 언어적으로 소통할 테고, 낯선 사람이 거기에 끼고 싶으면 먼저 언어적으로 동참하고 어쩌면 약간의 매력과 위트를 발휘할 수 있어야 한다. 낯선 남자가 그들에게 다가가며 1.5미터쯤 떨어진 곳에서 큰 소리로 '안녕하세요, 숙녀 여러분!'이라고 묻는다면, 분명 거부될 것이다.

'왜 저래? 창피하게.'

그러나 세 남자의 상황은 그저 영역 선언이었다. 우리는 여기에 있고, 여기는 우리의 작은 영토이다. 우리는 작은 요새에 있고, 현재 도개교가 올라가 있다. 여기에 들어오고자 하는 사람은 먼저 허락을 구해야 한다. 허락을 구하는 방법은 그들의 요새를 인정하고 존중하는 것이면 충분하다. 그것만 하면 벌써 도개교가 내려온다. 입구에서 입장 자격을 검사한다. 적합한 서열 메시지가 있으면('나는 ○○연구소 소장이에요'), 통과다. 이제야 비로소 편안하게 대화할 수 있다. 서열과 영역 두 축이 적합하게 세워졌다.

최근 유행하는 새로운 사무실 풍경은 기본적으로 공간을 대하는 남녀의 차이를 무시한다. 고정된 개인 업무용 책상이 없고, 저마다 아침에 출근하여 사무실 어딘가의 빈 책상을 하나 차지하고 앉아 그날의 업무를 시작하는 것만으로도 벌써 계급이 평준화되고 서열이 축소된다. 일부 분야에서는 이것이 긍정적으로 작동하는 것 같다. 그러나 다수의 다른 분야에서는 이런 순진한 공간 디자인이 막대한 훼손을 낳는다.

수년간 내가 받은 인상에 따르면, 남자들은 개방형 사무실에서 막대한 영역 스트레스를 받는다. 자기만의 작은 영토를 갖는 욕구가 좌절되었기 때문이다. 그들은 임시로 앉은 책상에서, 영역 선언을 예민하게 함으로써(누가 이런 쓰레기를 내 책상에 두고 간 거야?) 혹은 서열을 강하게 표시함으로써 부족하나마 욕구를 채운다. 개방형 사무실은 보는 눈이 많아 무대 성격이 특별히 높아, 더욱 큰 스트레스를 안겨준다. 그러므로 개방형 사무실은 개별 사무실 여럿보다 재정적으로 저렴하겠지만, 애석하게도 남녀의 차이를 제대로 고려하지 못한다.

당연히 남녀의 태도가 야생에서처럼 그렇게 아주 정확하게 나뉘지는 않는다. 그러나 교수 집단에서도, 일용직 노동자 집단에서도, 남녀의 태도 차이가 분명히 있다. 여자에게 남자는 외계인이다. 그러나 그들의 언어를 할 줄 안다면, 그들이 기본적으로 착한 외계인임을 알게 된다.

성별의 단순성

다른 성별의 언어를 알아야 하는 이유

01

남자는 편협하다, 여자도 그렇다

남녀 모두 하나만 알고 둘은 모른다. 남자들은 소통 세계가 지구에 단 하나, 'TV에 나오는 운동 선수들의 소통 세계', 즉 남자들의 소통 세계뿐이라고 무모하리만치 확신한다. 여자들도 마찬가지다. 비록 여자들 스스로 기본적으로 소통 능력이 뛰어나다고 자신하더라도, 역시 하나만 알고 둘은 모른다. 그들 역시 '여자들끼리만 통하는' 여자들의 소통 세계가 지구에서 유일하다고 확신하기 때문이다. 그러므로 남녀 모두, 예를 들어 공정한 임금 같은 도덕적 질문에 대해 다투기 전에 먼저 각자의 편협성부터 버려야 한다. 각자의 편협한 소통 모델을 모든 인간의 기본적인 소통 모델로 만들려면 불의를 저지를 수밖에 없다. 그래서 나는 세미나 때마다 고집스럽게 계속해서 '남녀 모두가 원칙적으로 남자의 언어와 여자의 언어에 능통해야 한다'는 나의 확신을 강조한다. 리더라면 필요에 따라 수평적 언어와 수직적 언어를 자유자재로 구사할 수 있어야 한다.

책에서 상세하게 다 설명할 수 없을 만큼 현실에는 중간 지대와 회색 지대가 많이 있다. 또한 일부 직종에서는 명확한 혼합 형식으로 드러난다. 예를 들어 남자 기술자 중에도 자신의 역량을 드러내놓고 말하지 않는 사람들이 있다. 말하지 않아도 암묵적으로 저절로 인정받게 된다고 확신하기 때문이다. 그 결과 자격이 충분한 기술자가 승진에 실패한다. 그들은 말하자면 실적 과시 맥락에서는 수평적으로 소통하고, 그 외 직장 생활에서는 수직적 소통을 선호한다.

그러나 리더라면 가장 먼저 현재 어떤 틀에서 소통이 이루어지는지 파악한 후, 그것에 자신을 맞출 수 있어야 한다. 그 이유는 단순하다. 특히 직업적 맥락에서 중요한 이유인데, 그래야 소통이 제대로 이루어지고 업무 진행도 원활하기 때문이다. 도덕적 차원이 아니라 도구로서의 언어를 말하는 것이다. 바로 그렇기 때문에 남자들도 두 가지 언어 체계를 수용할 준비가 되어 있다. 어쩌다 호기심에 추상적 젠더 이슈를 토론하고 싶어서가 아니라, 책임지고 있는 업무 영역이 효율적으로 작동하기를 바라기 때문이다. 원활한 업무 진행을 위해 필요하다면, 다른 언어 체계로 기꺼이 전환할 수 있다.

어떤 여자들은 이런 실용적인 동기만으로는 충분하지 못하다고 느낀다. 나는 충분하다고 본다. 나는 조직과 기업의 젠더 교육 현장을 많이 관찰했는데, 남자 임원들은 '젠더'라는 단어만 나오면 순식간에 인식의 커튼을 내려버렸다. 부차적 문제로 취급하거나, 자신이 신경 쓸 일이 아니라고 외면했다. 그러나 같은 젠더 주제라도 ('젠더'라는 단어를 쓰지 않고) 예를 들어 '실적 향상'이나 '효율성 개선'의 맥락에서 다루면 태도가 완전히 달라진다. 새로운 기술을 도입할 때만큼 이 주제에 관심을 보이며 큰 반발 없이 제안을 수용한다.

'업무 진행에 도움이 된다면, 그렇게 합시다!'

물론 구체적인 개별 사례에서는 그렇게 간단하지가 않다. 게다가 외국어 학습은 심한 반발이 예상되는 주제이다. 당연히 수직적 세계에서는 최고 우두머리의 역할이 중요하다. 남자들은 상사의 태도를 예의 주시하고, 상사가 두 언어 체계의 자유로운 전환을 중시하는지 아니면 그저 단어 한두 개만 사용할 뿐, 평소에는 여성을 무시하거나 배제하는지 정확히 파악하기 때문이다. 상사가 앞장서면 나는 그 뒤를 따른다. 행동 방식에서 벌써 시작된다. 예를 들어 상사들이 다리를 넓게 벌리고 앉아 자신의 성기를 강조하는 자세로 면담한다면, 수평적 소통은 시작 단계에서 벌써 거부된다. 남자 직원이 건방지게 다리를 넓게 벌리고 앉는다면, 그 이유는 뻔하다.

　나는 여성 의뢰인으로부터, 여자가 남자의 소통 방식을 배워야 하는 것이 아주 불공평하다는 지적을 자주 듣는다. 충분히 이해할 수 있는 지적이다. 그러나 완전히 정당한 지적은 아니다. 먼저 이런 지적은 과녁에서 빗나갔고, 결과적으로 여성이 진정한 소통의 대가이고 남성은 소통할 줄 모른다는 가정을 확산한다. 노라 빈센트는 남장을 하고 수직적 세계에서 위장 근무한 뒤에 다음을 확인했다.

　"어쩌면 우리 여자들은 … 자신의 탁월함 때문에 고생하는 것 같다. 우리는 우리의 감성 능력을 완벽한 능력으로 여긴다 … 남자들은 그런 능력이 없다 … 그것은 전혀 사실이 아니고, 더 나아가 터무니없다 … '우리가 인지할 수 없는 것은 그냥 존재하지 않고, 우리의 언어로 소통되지 않는 것은 이해할 수 없는 진술이다'라는 가정은, 우리 여자들이 집단으로 저지르는 큰 실수다."

　그러나 빈센트에 따르면, 이런 수직적 세계를 남자가 되어 관찰하면, '개가 하는 말이 갑자기 들리는 기분이 든다.' 개의 세계에서는 개가 아니면 감지할 수 없는 주파수로 소통하기 때문이다. 그럼에도 나는 여전히, '남자들도 탁월한 소통 능력을 가졌다'는 주장을 모욕으로 느끼며 인정하지 않는 여성 의뢰인을 많이 만난다.

'남자들은 너무 멍청해서 말이 안 통해요!'

집단에서는 드물지만 단둘이 얘기하면 남자 임원들은, 여자 동료와 여자 직원들 때문에 때때로 얼마나 황당한지 종종 내게 털어놓는다. 그들은 공평하기 위해 모두에게 똑같이 공적으로 대하고, 적당한 거리를 둔다. 그러나 남자 직원은 그것을 주로 존중으로 여기지만, 여자 직원은 냉정함이나 무정 혹은 기계적 반응으로 여긴다는 것이다. 당연히 그런 의도는 전혀 없다!

여자 직원의 능력에 감탄한 남자 부장이 있었다. 그는 여자 직원에게 과장 승진을 권유했고, 몇 주 뒤에 크게 좌절했다. 여자 직원이 사직서를 냈기 때문이다. 그녀는 상사와의 면담에서 자신에게 과장 자격이 있는지 잘 모르겠다고 말했고, 부장은 그녀의 이런 회의감을 더 강화하고 싶지 않아서 별다른 반응을 보이지 않았다.

부장은 여자 직원의 과장 자질을 깊이 확신했고, 그래서 생각할 시간을 그녀에게 허락했다. 그러나 그녀가 퇴사한 뒤에 그녀의 동료들에게 전해 듣기로, 그녀는 상사가 실력을 인정하지 않는다며 괴로워했다는 것이다. 분명히 그녀가 자신의 자질을 의심할 때 부장이 '그렇지 않다'며 적극적으로 부정하지 않았기 때문일 터이다.

남녀 모두 복잡하다. 남녀 모두 단순하다. 애석하게도 성별에 따른 언어 체계의 다름을 가치 평가 없이 인정하는 것은 더는 당연한 일이 아니다. 그럼에도 수평적 언어 체계와 수직적 언어 체계가 직장에서 성공적으로 소통할 수 있는 중요한 열쇠는, '한쪽이 다른 쪽보다 우세하지도 열세하지도 않다'는 사실에 있다. 두 언어 체계는 그저 각각 다를 뿐이다. 틀린 게 아니라 다르다! 한 페미니즘 학자가 여자에 대해 말했던 판결은 남자에게도 똑같이 적용된다.

"그들은 인류의 다른 절반과 똑같이 용감하면서 비겁할 수 있고, 관대하면서 이기적일 수 있고, 사려 깊으면서 고집스러울 수 있으며, 편협하면서 둔감할 수 있다."

여성이 정치적으로 경제적으로 기울어진 운동장에서 뛴다는 것은 일반적으로 잘 알려진 사실이다. 정치 경제 분야의 높은 지위에서 여성이 차지하는 비율은 대단히 낮다. 이것은 불공평할 뿐 아니라 경제적으로도 확실히 해롭다. 그러므로 내가 하는 일은 그저 작은 한걸음이지만, 더 의식적이고 편파적인 한걸음이다. 그리고 일개 기업 컨설턴트로서 내가 할 수 있는 일 역시 이 작은 한걸음뿐이다.

02

지나친 이해의 함정

여성 리더들이 요구하는 정치적 올바름이 오히려 걸림돌로 판명되는 경우가 종종 있는데, 한 가지 특별한 사례가 바로 외국인 남자를 대하는 방식이다. 여성 리더는 그들이 다른 문화권에서 왔으므로 다른 방식으로 대하는 것이 정치적으로 올바르다고 여긴다.

여성 리더들 역시 매사에 손이 많이 가는 남자 직원들 때문에 스트레스를 받고, 이것은 조직의 일상에 속한다. 어떤 여성 리더는 갈등이 생겼을 때 비로소 수직적으로 소통하는 갈등 상대가 (비록 독일어를 유창하게 하더라도) 카자흐스탄, 이라크, 혹은 다른 외국에서, 그러니까 문화가 완전히 다른 어딘가에서 왔다는 것을 알게 된다.

그러나 이런 갈등 상황이 벌어지는 우리의 상황은 이주민 통합 프로젝트나 트라우마 치유 모임이 아니다(이런 프로젝트나 모임은 그 자체로 매우 의미 있고 정당하다). 우리가 다루고자 하는 갈등 상황은 직업적 경제적 맥락에 있다. 이 맥락에서는 최소 비용으로 최대 만족을 얻는 경제 원칙이 마땅히 지배적 관심사여야 한다. 그러므로 확언하건대, (리더라면 특히 더) '이주민 특별 배려' 따위는 필요가 없다. 시리아 혹은 세르비아 출신의 팀장을 평가하는 기준은, 팀장으로서의 역량이면 충분하다. 그의 국적은 고려 대상이 아니다. 우크라이나 출신의 여자 수석의사는 옛 고향이 아니라, 의학적 업적으로 평가되어야 한다. 어떤 여성 임원이 특히 복지 차원에서 '외국인 가산점'을 받는다면, 직원들 눈에는 여자 팀장이 남자 상사와 잔 것만큼 불명예스러워 보인다. 그런 보너스는 절대 이롭지 않다. 오히려 활동을 방해하는 납덩어리다.

애석하게도 나는 이런 통속적인 연상을 명확히 거론할 수밖에 없는데, 여자들이 이른바 '이해의 함정'에 계속해서 빠지기 때문이다. 그들은 외국인 남자 직원을 가련하게 여긴다.

독일어가 서툰 저 남자는 고국에서 틀림없이 끔찍한 일을 겪었을 테고, 핍박받는 종교를 가졌을 거야…….

확실히 과도한 선의, 혹은 애정이 담긴 넘겨짚기이다! 실제로

이 남자 직원이 독일인 직원과 똑같이 공격적이고 심지어 모욕적으로 행동하더라도, 이해의 함정에 빠진 여자들은 좋게 이해하고 넘어간다. 갈등 상대뿐 아니라 갈등을 지켜보는 다른 남자 직원에게도, 이것은 여자 스스로가 판 조작 함정이다.

여자들이 소위 이주민 출신의 남자 고객, 남자 동료, 남자 직원에게 존중받지 못하거나 더 나아가 무시 혹은 노골적인 공격을 받을 경우, 나는 두 단계의 반응을 권한다.

a) 직접적인 방어
b) 상대방과 함께 문화적 차이에 대해 성찰하기

이런 일이 워낙 빈번하여 두 번째 단계까지 조직하기는 매우 어렵다. 두 번째 단계는 단둘이 있을 때만 가능하고, 상대방이 확실히 신뢰할 수 있는 누군가의 도움이 필요하다. 이때 그 누군가는 주로 남자다. 그러나 나의 경험에 따르면, 대개 첫 번째 단계면 충분하다.

이제 이 책의 마지막 사례, 헤켄베르크와 칙헤티의 대결을 보자.

03

직장의 마초를 키우다

헤켄베르크는 유명한 부동산 기업에서 일한다. 짧은 머리에 제법 덩치가 있는 편이라, 어디에서든 위풍당당한 모습만으로도 강한 인상을 준다. 존재를 알리기 위해 따로 말할 필요가 없다.

세미나에서 그녀는 다음과 같은 문제 장면을 설명했다. 그녀는 휴가를 떠날 참이었다. 당연히 모든 동료와 상사가 이 휴가에 대해 오래전부터 알고 있었다. 휴가는 단 일주일로 그다지 길지 않았다. 그녀는 떠나기 직전에 남은 업무를 챙겨 칙헤티에게 갔다. 칙헤티는 직장 선배일 뿐, 인사권이 있는 직속상사는 아니었다. 그녀는 남은 업무를 휴가 뒤로 미뤄도 될지, 아니면 다른 동료가 처리하도록 넘기고 가야 할지를 의논할 생각이었다. 그녀보다 키가 확연히 작은 이탈리아 출신의 이 선배는 방금 담배를 피우고 자리로 돌아와 머리 뒤로 손깍지를 끼고 등받이에 기대앉았다. 이 자세로 그는 이제 헤켄베르크를 궁지로 몰았다.

"일의 순서를 몰라? 떠나기 직전에 그런 걸 가져오면 어쩌자는 거야? 너무 무례한 거 아니야? 생각이라는 게 있긴 해? 끝내고 간다며! 헛소리였군! 부끄러운 줄 알아! 하기야 이게 처음도 아니네."

헤켄베르크는 눈물을 글썽였고, 칙혜티는 더 신랄해졌다.

"그렇지, 일은 형편없이 하면서 걸핏하면 훌쩍거리기나 하고!"

헤켄베르크는 어찌해야 할지 몰라 남은 업무를 아무 데나 팽개쳐두고 도망치듯 휴가를 떠났다. 헤켄베르크는 무엇을 다르게 할 수 있었을까?

우리는 이 장면을 재현했다. 스파링파트너, 일명 칙혜티는 사무실 의자에 눕듯이 앉자마자 진짜 칙혜티와 똑같은 톤으로 헤켄베르크를 비난하는 데 아무런 어려움이 없었다. 그는 기분 내키는 대로, 맘대로, 공격적으로, 야단치듯 거칠게 말했다. 헤켄베르크는 처음부터 마치 벌 받으러 가는 사람처럼, 혹은 뭔가를 부탁하러 가는 사람처럼 발끝으로 조심조심 칙혜티에게 다가갔다.

처음부터 칙혜티가 우위에 있는 것 같았다. 하지만 칙혜티는 사실 헤켄베르크의 인사권을 가진 직속상사가 아니다. 그러니 그의 의견은 그저 참고 사항에 불과하다! 그럼에도 헤켄베르크는 칙혜티의 모욕적인 말을 잠자코 듣고만 있었다. 칙혜티는 자리에 앉은 채였고, 헤켄베르크는 여전히 그 앞에 서 있었다. 물리적으로 큰 공간을 차지하는 여자가 왜소한 남자 앞에서 스스로 작아지는 모습을 나는 그냥 보고만 있을 수가 없었다.

나는 이것을 언급하고, 그녀에게 말 대신 몸으로 소통해보라고 격려했다. 그리고 현재의 직책과 역할을 명확하게 언급하라고 조언했다. 그러자 순식간에 상황이 완전히 바뀌었다.

마지막 시도에서 헤켄베르크는 침착하게 칙혜티에게 다가가서 하려던 말을 간단명료하게 전달했다. 칙혜티가 다시 비난을 퍼붓기 시작했을 때, 그녀는 짧은 한마디로 그의 말을 끊었다.

"당신은 내 상사가 아니에요."

줄 인형의 줄이 끊어졌을 때처럼 칙혜티가 갑자기 입을 다물었다. 이제 헤켄베르크는 그의 의자 앞을 지나 그와 눈높이가 맞는 곳까지 이동해 무표정한 얼굴로 잠깐 주변을 살핀 후, 아무 말 없이 무겁게 그의 앞에 서 있었다. 확실히 그녀는 이제 경기장에 입장할 준비가 되었다. 그러나 칙혜티는 여전히 아무 말도 하지 않았다.

나는 잠시 중단시키고, 칙혜티에게 왜 갑자기 그렇게 조용해졌냐고 물었다. 그러나 칙혜티(스파링파트너)는 내 질문에 대답하는 것조차 힘들어했다. 마치 보호막을 완전히 잃은 것처럼 보였다. 재현을 계속 이어갈 필요가 없었다. 그 자리에 있던 모두가 알았다. 헤켄베르크가 남은 업무를 어떻게 처리할지 이미 결정되었다! 칙혜티는 아무 말도 하고 싶지 않았다.

헤켄베르크는 안도의 미소를 지었다.

"하지만……."

그녀는 말을 시작했다가 이내 끝을 흐렸다.

"네, 말해 보세요. 하지만 뭐요?"

나는 그녀를 격려했다.

"이 사건 말고도 칙혜티는 자주 나를 아주 함부로 대했어요."

그녀는 그가 과연 달라질 수 있을지 늘 고민했다고 한다. 나는 곧바로 이해가 되지 않아 무슨 뜻이냐고 반문했다.

"그게, 그러니까 칙혜티는 이탈리아에서 왔는데… 회사에 이탈리아 사람은 그뿐이니 많은 것이 낯설 거예요."

나는 칙혜티가 근무한 지 얼마나 되었는지 물었다.

"아마 십 년쯤 되었을 거예요."

우리는 헤켄베르크의 사고방식에 대해 짧게 토론했다. 아주 전형적인 사고방식이었기 때문이다. 남부 유럽 느낌이 물씬 풍기는 이름을 가진 남자에게 그녀가 사용한 소통 도구는 북부 유럽 출신의 다른 남자 동료에게 사용하는 소통 도구와는 달랐다. 그리고 실제로 그것들이 잘 작동했었다. 그러나 그녀에게는 칙헤티한테만 직동하는 특별한 제동기가 있었다. 칙헤티는 비열하게 헤켄베르크를 모욕했지만, 그럼에도 그녀는 이 공격자가 인생에서 어떤 힘든 일을 겪었을까 진지하게 고민했고 자신이 그것을 이해해줘야 한다고 생각했다.

'그는 분명 엄마가 아들을 왕자로 혹은 그 비슷한 남자로 기르는 동네에서 자랐을 테고, 그래서 마초가 되었을 거야.'

애석하게도 이런 제동기를 가진 여자들이 아주 많다. 그러나 우리의 사례에서는 부당한 공격에 방어하는 것이 중요하므로, 이 제동기는 잠시 접어두는 편이 낫다. 또한 이런 상황에서 모든 통합적 사고는 쓸데없는 사치에 불과하다. 칙헤티가 시칠리아에서 실제로 힘든 유년기를 보냈든 아니든, 헤켄베르크의 방어에서 달라지는 건 없다. 지금 다뤄지는 것은 통합 정책이 아니라, 직장 동료 간의 행위이다(물론 결국에는 통합적 의미가 담겨야겠지만, 그것이 이 행위의 첫 번째 의도는 아니다).

어쩌면 기분 좋은 대화를 나눌 때, 두 번째 단계 차원에서 해명의 기회를 가질 수 있으리라. 그러나 꼭 그럴 필요도 없을 것이다. 칙헤티는 분명히 앞으로 헤켄베르크를 별로 좋아하지 않을 것이다. 어차피 이 일이 있기 전에도 이미 그랬었다.

오늘날 리더 자리에 있는 사람은 매일 낯선 문화를 만날 수밖에 없다. 그러므로 경제적인 이유만으로도 외국 문화 훈련 프로그램이 꼭 필요하다. 그러나 외국인 비즈니스 파트너, 혹은 다른 문화권에서 이주한 외국인 동료를 상대할 때 서둘러 자신의 문화를 뒤로 밀쳐둬야 한다는 뜻은 절대 아니다. 특히 여성 리더는 이 문제를 심사숙고해야 한다. 다른 문화권에서 온 소위 '길을 잃은' 남자를 배려하기 위해 여성 스스로 먼저 동등한 리더십을 포기한다면, 그것은 여성 자신에게도 사회 전체에도 이롭지 않을 수 있다.

물론 이런 남자들이 통합의 기회를 얻어야 하는 건 맞다. 그러나 그것을 빌미로, 그들이 여자를 함부로 대하는 태도가 정당화되어선 안 된다. 독일인 인종주의자와 이주한 인종주의자가 비열한 동맹을 맺도록 장려해선 절대 안 된다. 정치적 올바름을 내세워 자기 조작을 해선 안 된다. 물론 여성 리더들은 이주한 마초들과 일하면서 남성 리더들은 인식조차 못하는 선구적인 역할을 해낼 뿐 아니라, 여성 리더의 지시와 결정이 당연시되는 직장 문화가 자연스러운 일상을 통해 큰 마찰 없이 삼투압처럼 스며들게 한다. 그러나 이 과정에서 갈등이 생긴다면, 갈등 상황을 회피해선 안 된다. 이런 극복 과정은 비록 즉시 이해되진 않더라도, 결과적으로 상대방에게도 자기 자신에게도 이롭다.

04

엄마와 아들의 퍼즐과 검

그런데 언어 체계의 이런 차이는 왜 생겼을까? 타고난 걸까, 아니면 다르게 길러졌을까? 나는 모른다. 이 질문의 대답은 다른 훌륭한 연구자들이 해주리라 믿는다. 나는 여자들이 합당한 월급을 받고, 능력에 맞게 승진하고, 받아 마땅한 존중을 받고, 사람들이 그들의 말을 주의 깊게 듣는다면, 그걸로 만족한다.

얼마 전 나는 장난감 가게에서 다음의 장면을 목격했다. 한 엄마가 퍼즐 진열대 앞에 있었고, 그녀 옆에는 예닐곱 살쯤 되어 보이는 어린 아들이 있었는데, 아이는 퍼즐이 아니라 다른 장난감에 정신이 팔려있었다. 아이는 목검을 높이 들고 완전히 매료된 표정으로 그것을 살폈다. 엄마가 아들을 보며 지적했다.

"그걸로 무슨 놀이를 할 수 있겠니? 사람들을 찔러 죽이는 것 말고!"

도덕적 암시를 제외하면, 엄마의 발언은 전형적인 수평적 평가이다. 엄마가 말하려는 핵심은 이것이다.

'이 물건으로 할 수 있는 실질적인 놀이는 객관적으로 몇 개나 되겠니?'

그러나 어린 아들 역시 전형적인 패턴으로 대답했다. 그는 엄마를 쳐다보지도 않고(무브토크), 변함없이 칼을 응시하며 기발한 대답을 내놓았다.

"루카스도 가지고 있단 말이야!"

엄격히 말하면 이것은 엄마의 질문에 대한 대답이 아니라 서열 정하기이다.

이런 물건이 루카스는 있는데 나는 없다면, 그가 나보다 위다. 그러니 나도 이걸 가져야겠다.

그들이 이런 식으로 서로 동문서답을 하는 것이 엄마 혹은 아들에게 나쁜 의도가 있어서일까? 분명히 아니다. 그저 자신의 언어를 쓸 뿐이다. 이것이 때로는 재앙으로 이어질 수 있지만, 누구의 잘못도 아닌 경우가 많다.

조작 가능성을 막는 십계명

조작 함정에 빠지지 않는 방법

01

조작 함정의 십계명

" 제1계명

올바른 시점에 쓸 수 있게, 이해심을 아껴두어라!

누군가 업무와 무관한 일로 당신을 공격한다면, 심지어 동료와 상사들이 보는 앞이라면, 그를 이해할 생각은 버려라. 주저 없이 방어하라. 나는 그에게 아무런 해도 끼치지 않았는데 왜 그는 내게 이토록 비열하게 굴까, 하고 자문하지 말라. 확실하진 않지만, 아마 그는 힘든 유년기를 보냈을지도 모른다. 그러나 지금 당신이 처한 상황은 심리 상담이 아니다. 상대방을 이해하려는 노력은 나중을 위해 아껴두어라. 지금은 '당신'의 평판, '당신'의 지위, '당신'의 자존감이 우선이다. 이것만으로도 방어할 이유가 충분하다!

" 제2계명

다른 여자들이 무슨 말을 하든 신경 쓰지 말라!

심한 경우 다른 여자들은 당신을 잘난 체하고, 오만하고, 불편하다고 느낄 것이다. 당신은 앞에 나서고, 당신의 성과를 강조하고, (오직) 당신만을 위한 지원을 요구했는가? 그렇다면 당신은 수평적 세계가 싫어하는 행동을 한 것이다. 그러나 직장에서 여자들끼리만 일하는 게 아니라면, 수평적 세계만 중심에 둘 수는 없다. 당신은 이 딜레마를 피할 수 없다! 남녀 모두에게 사랑받을 수 없음을 인정하고 받아들여라. 그리고 그것에 신경 쓰지 말라.

" 제3계명

직장 생활에서 친절이 언제나 가치가 있다고 믿지 말라!

친절이 통하기만 한다면 당신은 행복하게 직장 생활을 할 수 있다. 그러나 불친절한 사람과 일한다면 어떻게 될까? 중상 모략하는 동료? 공격적인 상사? 그렇다면 아주 신중하게 친절을 베풀어야 한다. 그래야 희생자가 되지 않는다. 물론 친절은 미덕이다. 그러나 오로지 친절하기만 한 것은 위험하다. 친절의 대가로 종종 이른바 좋은 말과 제스처를 받겠지만, 권력과 돈과 자원은 받지 못한다. 고위 인사들 사이에서 꽃 파는 아가씨 정도로 통하는 데 만족한다면 그렇게 하라. 오스트리아의 상냥한 미녀 황후 시씨Sisi가 사실은 피의 종말을 맞은 비운의 황후라는 사실을 기억하라.

제4계명

'그렇게 수준 떨어지는 일에는 애초에 관여하지 않아!'라는 여자들의 말을 의심하라.

'그런 수준 떨어지는 일'이 수직적 세계의 서열 및 경쟁 게임이라면, 이 말은 패배자의 좌우명처럼 들리기 때문이다. 당연히 당신은 이런 까다로운 가치관을 고수하면서 경기장을 떠날 수 있다. 다만, 그러면 당신은 후보 선수석에 앉게 된다. 물론 거기서도 살 수는 있다. 그러나 당신이 언젠가 다시 교체 선수로 투입되리라고 기대하기 어렵다. 경기 전체를 한심하게 여길 수는 있지만, 직장에서 인정받고 싶다면 사람들 눈에 띄게 자신을 드러내야 한다. 그러려면 그 안에 머물러야 한다.

상사를 매혹하는 것은 예상보다 훨씬 큰 해를 당신에게 입힐 수 있다!

매혹이 선을 넘지 않으면, 직장 생활이 아주 편안할 수 있다. 그러나 뭔가를 관철하고자 할 때는 매혹 반사를 삼가야 한다 (이때는 아무튼 더는 '반사'가 아니다). 매혹적인 당신은 어디에서든 최고의 공감을 얻겠지만, 남자들은 '바로 그' 매혹 반사 때문에 당신의 직업적 역량을 존중하지 않는다! 갈등 상황에서 이런 매혹 반사를 통제할 수 없다면, 결과는 오직 패배뿐이다.

엉덩이를 살짝 건드리는 정도는 괜찮다고 생각해선 안 된다!

엉덩이를 만졌다고 죽지는 않는다. 맞다. 그러나 집단에서는 때때로 그것을 계기로 사회적 살해가 시작된다. 사적인 접촉이 아니라 도구를 만지는 것과 같고, 추행의 뜻이 전혀 없다면 업무 중 신체 접촉은 자연스럽다. 그렇더라도 엉덩이, 다리, 심지어 가슴, 얼굴, 머리카락 등은 절대 만지게 둬선 안 된다! 이런 부위를 만졌는데 방어 없이 대수롭지 않게 넘어간다면 그것은 스스로 자신의 권위를 떨어트리고, 더 나아가 자신의 인격을 모독하는 것이다. 당연히 반응은 적절해야 한다. 진짜 추행이라면, 따귀가 적절한 반응이다.

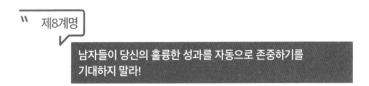

제7계명

직장에서 언제 누구와 사적인 정보를 공유할지 신중하게 정하라!

여자들만 있는 모임에서도 사적인 정보를 공유하는 일이 언제나 환영받는 건 아니기 때문이다! 아이의 학교 문제는 여자 동료의 공감을 받을 수 있다. 그러나 남자 동료는 그럴 확률이 아주 낮다. 만약 당신이 여자 팀장이라면 그런 정보는 삼가야 한다! 남자들은 대개 그런 정보를 공유하는 사람을 기꺼이 낮춰본다. 그리고 중상과 모략을 즐기는 사람은 그것을 탄약으로 쓴다.

제8계명

남자들이 당신의 훌륭한 성과를 자동으로 존중하기를 기대하지 말라!

첫째, 남자들은 문서로 확인된 성과를 당신이 생각하는 것만큼 중시하지 않는다. 심지어 아무런 의미를 두지 않을 때도 있다. 둘째, 큰 조직의 대표는 개별 사원의 성과를 꼼꼼히 이해할 시간이 없다. 셋째, 그들은 직원들이 자신의 성과를 직접 표현하기를 기대한다! 다수 중의 하나로 눈에 띄지 않게 자신을 숨길 줄 알아야 하는 수평적 세계와는 완전히 다르다. 그러므로 당신을 드러내고 당신을 위해 뭔가를 요구하라!

〃 제9계명

언제 어디서나 진정성이 있어야 한다는 생각을 버려라!

명심하라! 영혼이 다치지 않게 잘 보살피고 싶다면, 업무와 당신을 과도하게 동일시하지 않도록 주의하라! 당신의 자아는 직업적 역할보다 더 크고 더 넓다. 그러므로 크고 넓은 자아가 직업적 역할을 포용해야 한다. 직업적 역할로 당신은 돈을 벌고, 제한적이지만 그것이 또한 당신을 보호한다. 그렇게 생각하면 직장에서의 공격은 영혼까지 닿지 않는다. 당신은 직업적 역할 안에서 자유롭고, 원하는 만큼 진정성을 가질 수 있다. 직장 생활 무대에서는 맡은 배역에만 충실하면 된다. 무제한의 과도한 진정성은 당신에게 해롭다. 아무튼, 남자의 언어로 남자를 이해시킨다고 해서 당신의 진정성이 달라지는 건 아니다.

여성의 멋진 미래를 칭송하는 모든 열광의 함정에 빠지지 말라!

기도에도 확실히 장점이 있다. 믿기만 하면 되고, 충분히 오랫동안 같은 주술을 반복해서 외기만 하면 벌써 초월 상태에 도달한다. 그러나 눈을 떴을 때 소망과 현실을 혼동해선 안 된다. 예를 들어 우수한 성적에 고학력인 여성 직장인이 아주 많다는 사실이 곧바로 여자들이 리더 지위에 오른다는 뜻은 확실히 아니다. 우리는 아직 터널을 빠져나오지 않았다. 우리는 여전히 오르막길을 걷는 중이다. 그러므로 길이 험해지고 힘들더라도 놀라지 말라!

참
고
문
헌

도서 · 논문

- Alexijewitsch, Swetlana, Der Krieg hat kein weibliches Gesicht, München 2013

- Allmendinger, Jutta, Frauen auf dem Sprung. Wie junge Frauen heute leben wollen. Die Brigitte-Studie, München 2009

- Andrzejewski, Laurenz, Trennungs-Kultur. Handbuch für ein professionelles, wirtschaftliches und faires Kündigungs-Management, München 2004, 2. Aufl.

- Austin, John, Cubicle Warfare. 101 Office Traps and Pranks, New York 2008

- Badke-Schaub, Petra, et al., Human Factors. Psychologie sicheren Handelns in Risikobranchen, Heidelberg 2008

- Barkalow, Carol, In the Men's House. An inside account of life in the

Army by One of West Point's first female graduates, New York 1990

• Bartmann, Christoph, Leben im Büro. Die schöne neue Welt der

Angestellten, München 2012

• Bauer, Joachim, Das Gedächtnis des Körpers. Wie Beziehungen und

Lebensstile unsere Gene steuern, Frankfurt a.M. 2007, 10. Aufl.

• Ders., Warum ich fühle, was du fühlst: Intuitive Kommunikation und

das Geheimnis der Spiegelneurone, München 2006

• Baumeister, Roy F., Wozu sind Männer eigentlich überhaupt.noch gut?,

Bern 2012

• Bischoff, Sonja, Wer führt in (die) Zukunft? Männer und Frauen in

Führungspositionen der Wirtschaft in Deutschland – die 5. Studie,

Hamburg 2010

• Bourdieu, Pierre, Die feinen Unterschiede. Kritik der gesellschaftlichen

Urteilskraft, Frankfurt 1987

• Bröckling, Ulrich, Das unternehmerische Selbst. Soziologie einer

Subjektivierungsform, Frankfurt 2007

• Chesler, Phyllis, Woman's Inhumanity to Woman, Chicago 2009

• D'Eramo, Marco, Das Schwein und der Wolkenkratzer. Eine Geschichte

unserer Zukunft, Hamburg 1998

• Despentes, Virginie, King Kong Theorie, Berlin 2009

• Dies., Apokalypse Baby, Berlin 2012

• Dusini, Matthias/Edlinger, Thomas, In Anführungszeichen. Glanz und

Elend der Political Correctness, Berlin 2012

- Eggler, Anitra, Facebook macht blöd, blind und erfolglos. Digital-Therapie für Ihr Internet-Ich, Zürich 2013

- Eldinger, Jan Philipp, Vertrauen und Gewalt. Versuch über eine besondere Konstellation der Moderne, München 2008

- El Feki, Shereen, Sex und die Zitadelle, Liebesleben in der sich wandelnden arabischen Welt, München 2013

- Everett, Daniel, Don't Sleep, There Are Snakes. Life and Language in the Amazonian Jungle, London 2008

- Fengler, Jörg/Sanz, Andrea (Hg.), Ausgebrannte Teams. Burnout-Prävention und Salutogenese, Stuttgart 2011

- Fisher, Roger et al., Das Harvard-Konzept. Der Klassiker der Verhandlungstechnik, Frankfurt–New York 2004, 22 Aufl.

- Foley, Michael, The Age of Absurdity. Why Modern Life makes it Hard to be Happy, London 2010

- Foucault, Michel, Überwachen und Strafen. Die Geburt des Gefängnisses, Frankfurt 1994

- Friebe, Holm/Lobo, Sascha, Wir nennen es Arbeit. Die digitale Boheme, München 2009

- Frink, Silke, Der Feminine Stil. Businessmode für Frauen, Planegg 2007

- Dies., Muttersöhnchen. Vom Schaden weiblicher Erziehung, München

2011

- Funken, Christiane, Managerinnen 50plus – Karrierekorrekturen beruflich erfolgreicher Frauen in der Lebensmitte (Hg. vom Bundesministerium für Familie, Senioren, Frauen), Berlin 2011

- Geißlinger, Hans, Die Imagination der Wirklichkeit. Experimente zum radikalen Konstruktivismus, Berlin 2012

- Ders. (Hg.), Überfälle auf die Wirklichkeit. Berichte aus dem Reich der Story Dealer, Heidelberg 1999

- Goetz, Rainald, Johann Holtrop, Berlin 2012

- Groos, Heike, Ein schöner Tag zum Sterben Als Bundeswehrärztin in Afghanistan, Frankfurt a.M. 2009

- Hall, Edward T., Beyond Culture, New York 1976

- Ders., The Hidden Dimension, New York 1990

- Ders., The Silent Language, New York 1990

- Höfner, E, Noni, Glauben Sie ja nicht, wer Sie sind! Grundlagen und Fallbeispiele des Provokativen Stils, Heidelberg 2012, 2. Aufl.

- Hornby, Gill, The Hive. There's Only Room for One Queen Bee, London 2013

- Hunger, Herbert, Lexikon der griechischen und römischen Mythologie, Hamburg 1974

- Hustvedt, Siri, Der Sommer ohne Männer, Hamburg 2012

- Illouz, Eva, Warum Liebe weh tut, Berlin 2011

- Jeska, Andrea, Wir sind kein Mädchenverein. Frauen in der Bundeswehr, München 2010

- Jung, Carl Gustav, Psychologie und Alchemie. In: Gesammelte Werke, Ostfildern 2011, 3. Aufl.

- Kets de Vries, Manfred F. R., Führer, Narren und Hochstapler. Die Psychologie der Führung, Stuttgart 2004, 2. Aufl.

- Keuthen, Monika, Achtung: Kollegin. Wie Frauen mit weiblicher Konkurrenz souveräner umgehen können, München 2004

- Kimich, Claudia, Um Geld verhandeln. Gehalt, Honorar und Preis, München 2010

- Kleist, Heinrich von, Lehrbuch der französischen Journalistik, in: Ders., Sämtliche Werke und Briefe. Hg. v. Helmut Sembdner, München 1993, 9. Aufl.

- Klusmann, Steffen (Hg.), Töchter der deutschen Wirtschaft. Weiblicher Familiennachwuchs für die Chefetage, München 2008

- Knaths, Marion, Spiele mit der Macht, München 2009

- Koelbl, Herlinde, Spuren der Macht. Die Verwandlung des Menschen durch das Amt, München 2010

- Dies., Kleider machen Leute, Ostfildern 2012

- Kucklick, Christoph, Das unmoralische Geschlecht. Zur Geburt der Negativen Andrologie, Frankfurt a.M. 2008

- Lakoff, Robin Tolmach, Talking Power The Politics of Language,

Berkeley 1990

- Lind, Georg, et al., Haben Frauen eine andere Moral? Eine empirische Untersuchung von Studentinnen und Studenten in Österreich, der Bundesrepublik Deutschland und Polen, Konstanz 1986

- Lindstrom, Martin, Brandwashed. Was du kaufst, bestimmen die anderen, Frankfurt–New York 2012

- Mahr, Albrecht, Konfliktfelder – Wissende Felder. Systemaufstellungen in der Friedens- und Versöhnungsarbeit, Heidelberg 2003

- Matijević, Daniela, Mit der Hölle hätte ich leben können. Als deutsche Soldatin im Auslandseinsatz, München 2010

- McKinsey & Company (Baumgarten, Pascal/Desvaux, Georges/Devillard-Hoellinger, Sandrine), Women Matter. Gender diversity, a corporate performance driver, Paris 2007

- Ders. (Desvaux, Georges/Devillard, Sandrine), Women Matter II. Female Leadership, a competitive edge for the future, Paris 2008

- Ders. (Desvaux, Georges/Devillard, Sandrine/Sancier-Sultan, Sandra), Women Matter III. Women leaders, a competitive edge in and after the crisis, Paris 2009

- Ders. (Desvaux, Georges/Devillard, Sandrine/Sancier-Sultan, Sandra), Women Matter IV. Women at the top of corporations: Making it happen, Paris 2010

- Modler, Peter, Das Arroganzprinzip, Frankfurt 2009, 9. Aufl.

- Ders., Die Königsstrategie, Frankfurt 2012

- Moreno, Jacob Levy, Psychodrama und Soziometrie, Köln 2001

- Morozov, Evgeny, The Net Delusion. The Dark Side of Internet Freedom, New York 2011

- Neumann, Erich, Amor und Psyche. Eine tiefenpsychologische Deutung, Olten 1971

- Patai, Daphne/Koertge, Noretta, Professing Feminism. Education and Indoctrination in Women's Studies, Expanded Edition, Oxford 2003

- Pinker, Susan, Das Geschlechter-Paradox. Über begabte Mädchen, schwierige Jungs und den wahren Unterschied zwischen Männern und Frauen, München 2008

- Rogers, Carl R., Die klientenzentrierte Gesprächspsychotherapie, Frankfurt a.M. 1993

- Rosenberg, Marshall B., Gewaltfreie Kommunikation. Eine Sprache des Lebens, Paderborn 2010, 9. Aufl.

- Rosselet, Claude/Senoner, Georg, Management Macht Sinn. Organisationsaufstellungen in Managementkontexten, Heidelberg 2010

- Sandberg, Sheryl, Lean In. Women, Work and the Will to Lead, New York 2013

- Schoenberg, Judy/Salmond, Kimberlee/Fleshman, Paula, Change it up! What Girls Say About Redefining Leadership. Report from the Girl Scout Research Institute, New York 2008

- Simon, Hermann, Hidden Champions – Aufbruch nach Globalia. Die Erfolgsstrategien unbekannter Weltmarktführer, Frankfurt a.M. 2012

- Sprenger, Reinhard K., Radikal führen, Frankfurt–New York 2012

- Steinhof, Ruth, Untersuchung über den Umgang mit weiblicher Schuld, München o. J.

- Tannen, Deborah, Talking from 9 to 5. Women and men in the workplace: Language, sex and power, New York 1995

- Dies., That's Not What I meant. How conversational style makes or breaks your relations with others, London 2010

- Vincent, Norah, Enthüllungen. Mein Jahr als Mann, München 2007

- Virilio, Paul, Rasender Stillstand. Essay, Frankfurt 2008, 4. Aufl.

- Wallace, David Foster, Das hier ist Wasser, Köln 2012, 6. Aufl.

- Watzlawik, Paul, Vom Schlechten des Guten oder Hekates Lösungen, München 1986

- Ders., Wie wirklich ist die Wirklichkeit? Wahn, Täuschung, Verstehen, München 2011, 9. Aufl.

- Williams, Kayla, Jung, weiblich, in der Army. Ich war Soldatin im Krieg, München 2006

- Yamamoto, Tsunetomo, Hagakure. Der Weg des Samurai, München 2000, 2. Aufl.

- Zajček, Jasna, Unter Soldatinnen. Ein Frontbericht, München 2010

신문 · 잡지

- Blawat, Katrin, Die vergessene Entdeckerin. Die Forscherin Rosalind Franklin, in: Süddeutsche Zeitung, 25. 4. 2013, 24
- Böttcher, Dirk, Mein Tisch. Mein Stuhl. Mein Schrank., in: brand eins 5/2013, 62–69
- Ders., Das Private? Ist in Arbeit, in: brand eins 8/2013, 91–95
- Brost, Marc/Dausend, Peter, Ich war der »Scholzomat«. Interview mit Olaf Scholz, in: Die Zeit, 20. 6. 2013, 10 f.
- Dürr, Alfred, Schöne neue Bürowelt, in: Süddeutsche Zeitung, 9. 8. 2012, 14
- Editorial of the Times, Working From Home, in: New York Times International Weekly, 8. 3. 2013, 2
- Faller, Heike, Vom Himmel auf Erden. Ein Gespräch mit dem Sexualpsychologen Joseph Ahlers, in: Zeit-Magazin 18/2013, 24–32
- Fromm, Thomas, Mobiles Einsatzkommando, in: Süddeutsche Zeitung, 26. 7. 2011, 26
- Gillies, Judith-Maria, Auf dem Weg in die Beletage, in: Financial Times Deutschland, 15. 6. 2012, A8
- Gourevitch, Philip/Morris, Errol, Exposure. The woman behind the camera at Abu Ghraib, in: The New Yorker, 24. 3. 2008, 44–57
- Gross, Thomas, »Ich bin eine schreckliche alte Dame«. Interview mit

Juliette Gréco, in: Die Zeit, 13. 9. 2012, 47

- Krischke, Wolfgang, Kurze Sätze gut, in: Die Zeit, 12. 7. 2012, 31

- Kümmel, Peter, Geld? Nein, Weiber, Männer, Orgien! Interview mit
  René Pollesch und Harald Schmidt, in: Die Zeit, 30. 8. 2012, 60 f.

- Kutter, Inge, Die Schöne und das Personalbiest, in: Die Zeit, 31. 5. 2012,
  36

- Mark, Gloria, et al., A Pace Not Dictated By Electrons. Vortrag vor der
  Association for Computing Machinery's Computer-Human Interaction
  Conference, 7. 5. 2012, Austin (Pressemitteilung der University of California,
  Irvine, vom 3. 5. 2012)

- Martenstein, Harald, Der Terror der Tugend, in: Die Zeit, 6. 6. 2012, 13
  ff.

- McGrath, Ben, Queen of the D-League. How does a woman coach a
  men's basketball team?, in: The New Yorker, April 25th 2011, 24 ff.

- Mertens, Margit, Multitasking macht krank, in: Badische Zeitung, 14. 2.
  2012, 32

- Mühlauer, Alexander, »Sex ist laut und sozial unverträglich«. Interview
  mit Robert Pfaller, in: Süddeutsche Zeitung, 22. 3. 2013, 24

- Niejahr, Elisabeth/Ulrich, Bernd, Wie weiblich wird's noch, in: Die
  Zeit, 22. 12. 2012, Nr. 51

- Nicodemus, Katja, Bonds Chefin, in: Die Zeit, 25. 10. 2012, 15 f.

- Dies., »Die Kamera ist meine Geliebte«. Interview mit Michael Caine,

- Öchsner, Thomas, Geschlossene Gesellschaft, Interview mit Thomas Sattelberger, in: Süddeutsche Zeitung, 29. 10. 2012, 18

- Pfaller, Robert, Interview in: Süddeutsche Zeitung, 22. 3. 2013

- Rappel, Jan, et al., Info-Graphik zu »Graffiti«, in: Die Zeit, 22. 3. 2012, 45

- Richtel, Matt, Advice from the digerati: Log off from time to time, in: International Herald Tribune, 25. 7. 2012, pp 1/15

- Schmitz, Thorsten, Zum Sterben schön, in: Süddeutsche Zeitung, 22. 7 .2013, 3

- Schnabel, Ulrich, Hitliste der Erschöpfung, in: Die Zeit, 31. 5. 2012, 24

- Schnerring, Almut/Verlan, Sascha, Rhetorik für Frauen Was bringen Kommunikationstrainings? Feature-Manuskript der Sendung vom 15. 11. 2012, SWR 2 Baden-Baden

- Schönberger, Birgit, »Will ich mich weiter kränken lassen?« Interview mit Christiane Funken, in: Psychologie Heute, März 2013, 76–81

- Siems, Dorothea, Was Frauen wollen, in: Die Welt, 25. 4. 2013, 18

- Tannen, Deborah, The Power of Talk. Who gets heard and why, in: Harvard Business Review, Sept – Oct 1995, 138 ff.

- Tenaillon, Nicolas, Die Kunst, immer Recht zu behalten, in: Philosophie, Febr/März 2012, 63

- Tierney, John, Cry for Relief From the Din Of Cubicles, in: The New

York Times/Süddeutsche Zeitung, 29. 5. 2012, 1

• Tutmann, Linda, Nach dem Spiel ist vor dem Spiel, in: Die Zeit, 6. 6.

  2012, 74

• Uhlmann, Berit, Der Herr der Dinge, in: Süddeutsche Zeitung, 26. 9.

  2012, 22

• Von Uslar, Moritz, 99 Fragen an Helmut Dietl, in: ZEIT Magazin, 19. 1.

  2012, 37–40

홈페이지

• Adorjàn, Johanna, Madeleine Albright im Gespräch – Wie man Männer

  unterbricht, in: FAZ online, 22. 4. 2013

• Bosse, Katja, My home is my office, in: Zeit online, 14. 7. 2011

• Boyd, E. B., Where is the Female Mark Zuckerberg?, in: www.

  modernluxury.com/san-francisco/story/where-the-femalemark-

  zuckerberg, 22. 11. 2011

• Bundesministerium der Justiz, Allgemeines Gleichbehandlungsgesetz

  (AGG), Ausfertigungsdatum 14. 8. 2006, zuletzt geändert 5. 2. 2009,

  www.juris.de

• Burger, Jerry, Replicating Milgram, in: Association for Psychological

  Science, Dezember 2007, http://www.psychologicalscience.org

• Etcoff, Nancy et al., Cosmetics as a Feature of the Extended Human

Phenotype: Modulation of the Perception of Biologically Important Facial Signals, PLoS ONE 6(10): e25656, www.plosone.org

- Goudreau, Jenna, Crying At Work, A Women's Burden, in: www forbes com/sites/jennagoudreau/2011/01/11/crying-atwork-a-womans-burden-study-men-sex-testosterone-tearsarousal/

- Hewlett, Sylvia Ann/Luce, Carolyn Buck, Off-Ramps and On-Ramps: Keeping Talented Women on the Road to Success, in: http://www.uwlax.edu/faculty/giddings/ECO336/week_3/off_ramps_and_on_ramps.pdf

- Hollstein, Walter, Invasion der Loser. Abschied vom starken Geschlecht, in: www.sueddeutsche.de, 8. 7. 2013

- Jellenko-Dickert, Brigitta, Frauen im Business und wie sie sich »besser verkaufen«, 22. 11. 2011, www.fuehrungskraefte-blog.de

- Kuhla, Ramona, Frauen an der Macht: Schluss mit freundlich!, in: www.agensev.de, 19. 6. 2012

- Kummermehr, Jens, Arroganz ist eine Krankheit!, in: www.blog.my-skills.com, 8.11. 2011

- Poczter, Sharon, For Women In the Workplace, It's Time to Abandon ›Have It All‹ Rhetoric, in: http://www.forbes.com/sites/realspin/2012/06/25/for-women-in-the-workplace-itstime-to-abandon-have-it-all-rhetoric/

- Ruffle, Bradley J./Shtudiner, Zeev, Are Good Looking People More

Employable?, in: Social Science Research Network, Last revised

Version June 27, 2013, www.ssrn.com

- Seligson, Hannah, Ladies, Take off Your Tiara! in: www.huffingtonpost.

    com/hannah-seligson/ladies-take-off-yourtiara_b_41649.html, 20. 2.

    2007

영화

- Gervais, Ricky/Merchant, Steven (Regie), The Office. BBC – Die erste

    Staffel (DVD), BBC Germany 2009

- Kurosawa, Akira, Rashomon (DVD), Concorde 1951

- Price, Adam/Gram, Jeppe Gjervig/Lindholm, Tobias (Drehbuch), Borgen.

    Gefährliche Seilschaften. Die komplette erste Staffel (DVD), Hamburg

    2012

- Rosenberg, Marshall B., Liebst du mich? Rollenspiel Wolf und Giraffe,

    in: www.youtube.com

- Wells, John (Regie), Company Men (DVD), Universum Film 2011

오만하게 제압하라 : 전략편

펴낸날 2020년 11월 13일
지은이 페터 모들러
옮긴이 배명자
펴낸이 김은정
펴낸곳 봄이아트북스

출판등록 제406-251002019000142호
주소 경기도 파주시 재두루미길 70 페레그린빌딩 308호
전화 070-8800-0156
팩스 031-935-0156
ISBN 979-11-6615-137-8 (03320)